Uta Livonius

Intelligente LRS-Schüler – Leitfaden für Lehrer

Erkennen und verstehen – fördern und beraten

Uta Livonius unterrichtet seit 2007 Gymnasiasten, Real- und Gesamtschüler mit LRS nach ihrem selbst entwickelten LRS-Lernprogramm. Das Thema LRS ist für die Diplom-Biologin und Heilpraktikerin seit vielen Jahren vorrangig. Dazu hält sie Vorträge in Schulen und bei Kongressen und führte dazu auch Lehrerfortbildungen für die Sekundarstufe I in Schleswig-Holstein durch. Uta Livonius verbindet wissenschaftliche und ganzheitliche Ansätze mit den persönlichen Erfahrungen als Mutter und LRS-Coach (Website: www.lrscoaching.de).

Wir haben unseren Markennamen von AOL-Verlag zu scolix geändert. Alle Inhalte entsprechen den bisher unter dem Namen AOL-Verlag erschienenen Auflagen.

2. Auflage 2022
© 2014 scolix, Hamburg

AAP Lehrerwelt GmbH
Veritaskai 3
21079 Hamburg
Telefon: +49 (0) 40325083-040
E-Mail: info@lehrerwelt.de
Geschäftsführung: Christian Glaser
USt-ID: DE 173 77 61 42
Register: AG Hamburg HRB/126335
Alle Rechte vorbehalten.

Das Werk als Ganzes sowie in seinen Teilen unterliegt dem deutschen Urheberrecht. Die Erwerbenden einer Einzellizenz des Werkes sind berechtigt, das Werk als Ganzes oder in seinen Teilen für den eigenen Gebrauch und den Einsatz im eigenen Präsenz- wie auch dem Distanzunterricht zu nutzen.
Produkte, die aufgrund ihres Bestimmungszweckes zur Vervielfältigung und Weitergabe zu Unterrichtszwecken gedacht sind (insbesondere Kopiervorlagen und Arbeitsblätter), dürfen zu Unterrichtszwecken vervielfältigt und weitergegeben werden.

Die Nutzung ist nur für den genannten Zweck gestattet, nicht jedoch für einen schulweiten Einsatz und Gebrauch, für die Weiterleitung an Dritte einschließlich weiterer Lehrkräfte, für die Veröffentlichung im Internet oder in (Schul-)Intranets oder einen weiteren kommerziellen Gebrauch.
Mit dem Kauf einer Schullizenz ist die Schule berechtigt, die Inhalte durch alle Lehrkräfte des Kollegiums der erwerbenden Schule sowie durch die Schülerinnen und Schüler der Schule und deren Eltern zu nutzen.

Nicht erlaubt ist die Weiterleitung der Inhalte an Lehrkräfte, Schülerinnen und Schüler, Eltern, andere Personen, soziale Netzwerke, Downloaddienste oder Ähnliches außerhalb der eigenen Schule.
Eine über den genannten Zweck hinausgehende Nutzung bedarf in jedem Fall der vorherigen schriftlichen Zustimmung des Verlags.
Sind Internetadressen in diesem Werk angegeben, wurden diese vom Verlag sorgfältig geprüft. Da wir auf die externen Seiten weder inhaltliche noch gestalterische Einflussmöglichkeiten haben, können wir nicht garantieren, dass die Inhalte zu einem späteren Zeitpunkt noch dieselben sind wie zum Zeitpunkt der Drucklegung. scolix übernimmt deshalb keine Gewähr für die Aktualität und den Inhalt dieser Internetseiten oder solcher, die mit ihnen verlinkt sind, und schließt jegliche Haftung aus.

Wir verwenden in unseren Werken eine genderneutrale Sprache. Wenn keine neutrale Formulierung möglich ist, nennen wir die weibliche und die männliche Form. In Fällen, in denen wir aufgrund einer besseren Lesbarkeit nur ein Geschlecht nennen können, achten wir darauf, den unterschiedlichen Geschlechtsidentitäten gleichermaßen gerecht zu werden.

Autorschaft: Uta Livonius
Redaktion: Kathrin Roth
Covergestaltung: TSA&B Werbeagentur GmbH, Hamburg
Coverfoto: © jojje11 – Fotolia.com
Satz: Reemers Publishing Services GmbH, Krefeld
Druck und Bindung: SDK Systemdruck GmbH, Köln

ISBN: 978-3-403-10240-3
www.scolix.de

Danke

Meinen Schülern, die durch wunderbare Erfolge und geniale Gedanken meine Arbeit bereichern und mir viel Freude bereiten.
Den Eltern meiner Schüler für die Anregung, dieses Buch zu schreiben.
Meiner Lektorin Kathrin Roth für die Offenheit für meine Ideen, fruchtbare Gespräche und eine tolle Zusammenarbeit.
Meiner Familie, die mich bestärkt und unterstützt.

© AOL-Verlag

Inhalt

© AOL-Verlag

© AOL-Verlag

© AOL-Verlag

© AOL-Verlag

Vorwort

In fast jeder Klasse begegnen sie uns, die LRS-Kinder. Sie plagen sich alle mit der deutschen Rechtschreibung, aber damit scheinen die Gemeinsamkeiten schon beschrieben zu sein. Einige sind lebhaft, andere verträumt. Sie haben eine Schrift, die kaum zu entziffern ist, oder schreiben wunderschön. Sie arbeiten hektisch oder zu langsam, lesen gut oder miserabel, sie sind hervorragende Matheschüler oder durchschnittliche, sie haben Freude an Fremdsprachen oder sie quälen sich damit. In vielen Bereichen sind sie einfach nur normale Schüler[1]. Diejenigen, die erst nach der Grundschulzeit wegen ihrer Rechtschreibprobleme auffallen, sind alle ziemlich intelligent. Bisher konnten sie ihre Schwächen, bewusst oder unbewusst, vor den Erwachsenen größtenteils verbergen.

Diese intelligenten rechtschreibschwachen Kinder brauchen Hilfe, denn was ihnen bisher gelang, nämlich trotz ihrer Probleme mitzuhalten, überfordert sie, wenn in der Sekundarstufe auf der neuen Schule die Anforderungen steigen.

Die Eltern werden aufmerksam und erwarten Informationen und Unterstützung von den Lehrkräften, was ihnen laut Beschlüssen und Erlassen der Kultusministerien auch zusteht.

Sie als Lehrkraft sind also gefragt. Aber wo soll man anfangen? Wieso liefern LRS-Schüler teilweise fast absurde Ergebnisse ab? Wie schafft man es, sie im Regelunterricht so zu berücksichtigen, dass sie motiviert und erfolgreich den Ansprüchen gerecht werden? Wie können diese Kinder ihre besonderen Fähigkeiten nutzen, um den Anschluss an das Klassenniveau wieder zu erreichen und ohne Angst, nicht nur vor Rechtschreibfehlern, ihre Schullaufbahn fortsetzen? Wie gelingt ein Förderunterricht, in dem LRS-Schüler die Rechtschreibung von Grund auf verstehen?

Zu all diesen Fragen finden Sie hier Antworten sowie praktische Hinweise und Tipps. Es gilt in erster Linie, diese Kinder zu verstehen, um ihnen helfen zu können, die an sie gestellten Anforderungen zu meistern.

---

1 Wegen der besseren Lesbarkeit verzichte ich auf die ausdrückliche Nennung der weiblichen Form. Sie ist stets mitgemeint.

© AOL-Verlag

So hoffnungslos, wie es LRS-Schülern erscheint, Rechtschreibung zu begreifen, so hoffnungslos erscheint es Lehrkräften und Eltern häufig zu verstehen, wieso diese Kinder sich so „anstellen".
Mit diesem Buch möchte ich dazu beitragen, dass Schüler, Lehrkräfte und Eltern gemeinsam Wege aus dieser vermeintlichen Sackgasse finden.

© AOL-Verlag

Teil 1
LRS in der Sekundarstufe

Kinder mit sehr ausgeprägten Schwierigkeiten beim Lesen- und Schreibenlernen fallen früh auf. Sie bekommen daher bereits in den ersten Klassen Hilfen und Therapien, die es ihnen ermöglichen, dem Regelunterricht einigermaßen zu folgen.
Intelligenten LRS-Schülern gelingt es jedoch oft, ihre Schwierigkeiten geheim zu halten, indem sie kompensieren oder vermeiden, was sie nicht so gut können. Wenn auf der weiterführenden Schule die Ansprüche steigen, gelingt das zunehmend schlechter, bis ein solcher Schüler auffällig wird.

© AOL-Verlag

1. Was bedeutet LRS?

In diesem Kapitel erfahren Sie

- mit welchen Begriffen Lese-Rechtschreib-Probleme beschrieben werden,
- wozu die Unterscheidungen dienen,
- warum intelligente LRS-Schüler oft erst in der Sekundarstufe auffallen,
- welche Möglichkeiten zur Unterstützung der Schüler Erlasse bieten,
- wie betroffene Schüler ihre LRS empfinden,
- wie eine sinnvolle Elterninformation aussieht und
- warum LRS-Schüler Rechtschreibung lernen können.

Die Verunsicherung über die Bedeutung von LRS bezieht sich nicht nur auf die Begriffe „LRS" und „Legasthenie", sondern auch auf die Ursachen und die Folgen einer Diagnose. Welche Auswirkung hat die Feststellung einer LRS für das betroffene Kind, seine Familie, seinen schulischen Werdegang und seine Berufsaussichten? Wie beeinflusst das Umfeld, besonders auch die Schule, die Chancen eines solchen Kindes? Wie können Sie als Lehrkraft positiv einwirken?
Meistens führen sehr schlechte Resultate in der Rechtschreibung dazu, dass Lehrkräfte empfehlen und Eltern zustimmen, ein Kind „zu testen".
Je nachdem, in welchem Bundesland Sie unterrichten, kann es von Bedeutung sein, ob einem Kind eine Legasthenie, LRS oder Rechtschreibschwäche bescheinigt wird. Leider verwenden sogar die Ministerien, Ärzte, Psychologen und Therapeuten diese Begriffe z. T. unterschiedlich. Verwirrend wirken auch die unzähligen Definitionen, die im Internet angeboten werden, sodass Eltern von betroffenen Kindern häufig ratlos in die Schule kommen und hoffen, dort Klarheit zu bekommen.
Da Legasthenie-/LRS-Forschung unter verschiedenen Gesichtspunkten betrieben wird[2], verwundert es nicht, dass auch die Aussagen über Ursachen und Hilfsmöglichkeiten z. T. weit voneinander abweichen.

© AOL-Verlag

2 Vgl. Was tun bei Legasthenie in der Sekundarstufe?, S. 57.

1.1. LRS oder Legasthenie?

Das „S“ in der Abkürzung LRS steht, je nachdem, wo man sich informiert, für Störung, Schwäche oder Schwierigkeiten. Einigkeit besteht aber über „LR“, das stets „Lese-Rechtschreib-“ bedeutet.
In einigen Erklärungsansätzen wird „Legasthenie“ mit „Lese-Rechtschreib-Störung“ gleichgesetzt und von LRS (dann meist als Lese-Rechtschreib-Schwäche bezeichnet) unterschieden.
Der Ausdruck LRS (ohne Erläuterung, wofür er steht) erleichtert somit den Umgang mit den schwer abzugrenzenden Begriffen, die je nach Lehrmeinung, oft auch Wohnort und Ausbildungsjahr, zu Meinungsverschiedenheiten und Missverständnissen führen können.
Die Furcht, es könnte sich um eine Krankheit, Behinderung, das Versagen der Eltern oder Lehrkräfte handeln, führt leider dazu, dass viele Eltern sich scheuen, die Probleme ihrer Kinder anzuerkennen und weitere Schritte einzuleiten. Die Sorge, das eigene Kind würde als „behindert“ abgestempelt, gerade wenn es angeblich keine Therapiemöglichkeiten gibt, schreckt ab.

1.1.1. Lese-Rechtschreib-Störung – Legasthenie

Der klassische Begriff Legasthenie als „spezifische Lesestörung mit Krankheitscharakter bei Kindern mit mindestens durchschnittlicher Intelligenz“[3] wird kaum noch verwendet. Immer wieder wird Legasthenie aber mit Lese-Rechtschreib-Störung gleichgesetzt, so z. B. von der Staatlichen Schulberatung in Bayern:
„Zu unterscheiden ist eine Lese- und Rechtschreibstörung (Legasthenie, Dyslexie) mit teilweise hirnorganisch bedingten, gravierenden Wahrnehmungs- und Aufmerksamkeitsstörungen von einer vorübergehenden Lese- und Rechtschreibschwäche (LRS). [...] Legasthenie ist eine nur schwer therapierbare Krankheit, die zu teilweise erheblichen Störungen bei der zentralen Aufnahme, Verarbeitung und Wiedergabe von Sprache und Schriftsprache führt [...].“[4]
Die WHO (Weltgesundheitsorganisation) beschreibt in der ICD (International Statistical Classification of Diseases and Related Health Problems)

3 Vgl. LRS – Legasthenie in den Klassen 1–10. Handbuch der Lese-Rechtschreib-Schwierigkeiten. Band 2, S. 17.

4 Vgl. Staatliche Schulberatung in Bayern (siehe Linktipps) http://www.schulberatung.bayern.de/schulberatung/index_05164.asp.

© AOL-Verlag

die Lese-Rechtschreib-Störung als eine „umschriebene Entwicklungsstörung schulischer Fertigkeiten". „Das Hauptmerkmal ist eine umschriebene und bedeutsame Beeinträchtigung in der Entwicklung der Lesefertigkeiten, die nicht allein durch das Entwicklungsalter, Visusprobleme oder unangemessene Beschulung erklärbar ist [...]."[5]

Diese Ansätze, die Legasthenie mit angeborenen oder ererbten Defiziten oder Teilleistungsstörungen als deren Ursache erklären, stellt Renate Valtin als nicht haltbar dar und verweist auf neuere Ansätze, die „Kinder mit LRS als langsam Lernende, denen es besonders schwerfällt, die Hürden des Schriftspracherwerbs zu überwinden"[6] beschreiben, ohne sie von Legasthenikern abzugrenzen. Dennoch wird die Bezeichnung Legasthenie häufig so verwendet, als handele es sich um eine (nicht heilbare) Krankheit.[7] Diese Erklärung entlastet Eltern und Lehrkräfte, wenn ein Kind Schwierigkeiten beim Lesen- und Schreibenlernen hat, denn sie können ja (natürlich nur scheinbar) nichts daran ändern.

Der Begriff Legasthenie wird selbst vom Bundesverband Legasthenie kaum noch verwendet. Dieser war ursprünglich eine Interessenvertretung von Eltern „legasthenischer Kinder", die diesen klassischen Ansatz vertrat. Inzwischen haben sich dem Verband viele Lehrkräfte, Therapeuten und Förderer angeschlossen; so gestalten sich die Informationen vielseitiger. Der Bundesverband Legasthenie stellt das ausführlichste und übersichtlichste Informationsmaterial im Internet zur Verfügung. Besonders Eltern finden hier schnell und unkompliziert Hinweise und Unterstützung. Dennoch wird allein durch den Namen des Verbandes der Begriff Legasthenie, selbst wenn er überholt sein sollte, für Menschen mit LRS präsent bleiben.

Wichtig ist für die Diagnose einer Legasthenie (Lese-Rechtschreib-Störung) noch immer die Diskrepanz zwischen dem IQ und den Leistungen im Lesen und Rechtschreiben. Dieses Kriterium wird durch die Beschreibung der Teilleistungsstörungen, z. B. im visuellen oder auditiven Bereich, gestützt. Kurz gesagt: Ein Kind, das nicht so gut lesen und/oder rechtschreiben kann, wie man es aufgrund seiner Intelligenz erwarten würde, hat Legasthenie.

5 ICD F81.0, 2013 (siehe Linktipps).

6 Vgl. LRS – Legastenie in den Klassen 1–10. Handbuch der Lese-Rechtschreib-Schwierigkeiten. Band 2, S. 35.

7 Vgl. LRS – Legastenie in den Klassen 1–10. Handbuch der Lese-Rechtschreib-Schwierigkeiten. Band 2, S. 16–35.

© AOL-Verlag

Da in einigen Bundesländern der „Legasthenie-Test" oder auch der „LRS-Test" nach diesen Gesichtspunkten bewertet wird, ist, zumindest für das Testverfahren, diese Annahme zu beachten.
Auch isolierte Rechtschreibstörungen werden in der ICD aufgeführt. Laut WHO handelt es sich dabei um „... eine Störung, deren Hauptmerkmal in einer umschriebenen und bedeutsamen Beeinträchtigung der Entwicklung von Rechtschreibfertigkeiten besteht, ohne Vorgeschichte einer Lesestörung. Sie ist nicht allein durch ein zu niedriges Intelligenzalter, durch Visusprobleme oder durch unangemessene Beschulung erklärbar [...]."[8]
Für die Diagnostik und Maßnahmen in der Schule spielt die isolierte Rechtschreibstörung im Allgemeinen keine Rolle, denn normalerweise wird unabhängig von den Lesefähigkeiten eine Legasthenie bzw. eine LRS bescheinigt.

1.1.2. Lese-Rechtschreib-Schwäche

Lese-Rechtschreib-Schwäche[9], häufig LRS genannt, bezeichnet dagegen eine vorübergehende Schwäche, deren Ursachen erklärt und behoben werden können. Kritisiert wird an dieser Definition, dass sie dem Kind die Schwäche als Eigenschaft zuschreibt.[10]
Mögliche Ursachen für eine Lese-Rechtschreib-Schwäche sind z. B.:

- **häuslich**
  - wenig Lernanreize und Unterstützung
  - wechselnde Bezugspersonen
  - Umzug
  - familiäre Spannungen
  - soziale Notlage
  - Krankheit oder Tod von Angehörigen

8 ICD, 2013 (siehe Linktipps).

9 Vgl. KMBek vom 16. November 1999, Amtsblatt – KWMBl. I S. 379, in Abschnitt IV, 2. Absatz geändert am 11. August 2000, KWMBl I S. 403, https://www.schulberatung.bayern.de/schulberatung/index_05164.asp

10 Vgl. LRS – Legasthenie in den Klassen 1–10. Handbuch der Lese-Rechtschreib-Schwierigkeiten. Band 1, S. 32 f.

© AOL-Verlag

- **gesundheitlich**
  - Probleme beim Sehen
  - Probleme beim Hören
  - akute oder chronische Erkrankung
- **schulisch**
  - mangelnde Übung
  - Schulversäumnisse
  - Schulwechsel
  - Lehrerwechsel
  - Unterrichtsausfall
  - unpassende Methoden

Diese Ursachen zeigen, im Gegensatz zu denen der klassischen Legasthenie, zwar Verantwortlichkeiten, also mögliche Schuldzuweisungen, vor allem aber eine Chance für das betroffene Kind.

1.1.3. Lese-Rechtschreib-Schwierigkeiten

Legasthenie, Lese-Rechtschreib-Störung, isolierte Rechtschreibstörung und Lese-Rechtschreib-Schwäche werden heutzutage häufig unter dem Begriff „Lese-Rechtschreib-Schwierigkeiten“ zusammengefasst und ebenfalls LRS genannt. Hier wird nicht nach den Ursachen unterschieden und auch nicht nach dem Diskrepanzkriterium.
Es handelt sich um die Feststellung, dass ein Schüler Schwierigkeiten beim Lesen und/oder Rechtschreiben hat, egal aus welchen Gründen.
„Das dynamische Wechselspiel von individuellen, häuslichen und schulischen Faktoren“[11] führt zur Entstehung dieser Schwierigkeiten.
In einigen Bundesländern ist es nur von Bedeutung, wie lange diese Schwierigkeiten anhalten, damit der Schüler das Recht auf Nachteilsausgleich und Förderung erhält. Andere verlangen einen aufwendigen Test.

11 Vgl. LRS – Legasthenie in den Klassen 1–10. Handbuch der Lese-Rechtschreib-Schwierigkeiten. Band 2, S. 11.

© AOL-Verlag

1.1.4. Schüler mit besonderen Schwierigkeiten im Lesen und Rechtschreiben

Die Kultusministerkonferenz und viele Ministerien der Länder sprechen von „Schülern mit besonderen Schwierigkeiten im Lesen und Rechtschreiben".[12] Damit werden alle Schüler einbezogen, egal welche Ursachen zu ihren Lese- und/oder Rechtschreibproblemen führen. Zusätzlich wird berücksichtigt, dass das Lernen ein dynamischer Prozess ist.[13]

Für das Kind spielt die Bezeichnung eigentlich keine Rolle. Es hat Probleme mit der Rechtschreibung und vielleicht beim Lesen, das muss geändert werden. Die Bezeichnung (Legasthenie/LRS) entscheidet lediglich darüber, welche Unterstützungen und Erleichterungen ihm zustehen. Das Wichtigste ist, dass Rechtschreibprobleme weder Krankheiten noch Erbschäden sind. Sie können behoben, aber nicht weggezaubert werden.

In diesem Buch verwende ich im Allgemeinen den Begriff „LRS", es sei denn, die Unterscheidung ist von Bedeutung. Mit LRS-Schülern sind entsprechend Schüler mit besonderen Schwierigkeiten im Lesen und Rechtschreiben gemeint.

1.2. Spätdiagnose ab Klasse 5

Intelligenten LRS-Schülern merkt man ihre Rechtschreibprobleme meistens erst nach der Grundschulzeit an. Bis dahin gelingt es ihnen, ihre Defizite auszugleichen, indem sie besonders gewissenhaft arbeiten, fleißig lernen oder ganz eigene Strategien entwickeln.

> Intelligenten LRS-Schülern merkt man ihre Rechtschreibprobleme meistens erst nach der Grundschulzeit an.

Durch die viel höheren Ansprüche an weiterführenden Schulen sind diese Kinder aber überfordert, wenn sie, sozusagen nebenbei, ihre Lese- und Rechtschreibschwierigkeiten weiterhin kompensieren müssen.

Sie lernen diese Kinder erst jetzt kennen. Oft ist kaum zu verstehen, warum sie so viel größere Umstellungsprobleme haben als ihre Klassenkameraden. Die Eltern sind besorgt, vermuten aber vielleicht,

12 Vgl. Erlasse der Bundesländer (siehe Linktipps).

13 Vgl. LRS – Legasthenie in den Klassen 1–10. Handbuch der Lese-Rechtschreib-Schwierigkeiten. Band 1, S. 34.

© AOL-Verlag

dass ihr Kind ein bisschen Zeit braucht, um mit der Situation auf der ungewohnten, größeren Schule mit neuen Fächern, Lehrkräften und Mitschülern zurechtzukommen. Daher dauert es nach dem Schulwechsel oft ein Jahr oder länger, bis sich herausstellt, dass ein Schüler erhebliche Schwierigkeiten beim Lesen und/oder Rechtschreiben hat. Er ist nicht einfach erschöpft oder mit der Situation überfordert, sondern – meist deutlicher in Bezug auf die Rechtschreibung – anscheinend total planlos. Wahrscheinlich ist er ein LRS-Schüler, der als ganz normaler Grundschüler ohne erkennbare Probleme auf die weiterführende Schule kam.

Was für eine unglaubliche Leistung hat dieses Kind vollbracht, wenn es trotz seiner Rechtschreibprobleme erst jetzt damit so sehr auffällt, dass Sie und die Eltern alarmiert sind! Ein Kind, bei dem erst nach der Grundschulzeit festgestellt wird, dass es gravierende Rechtschreibprobleme hat, hat Großartiges geleistet. Automatisiertes Schreiben ist nämlich viel einfacher als verunsichertes Auswendiglernen und Raten. Vielleicht ist dieses Kind verhaltensauffällig, aber die schulischen Leistungen waren bisher in Ordnung.

Kinder mit schwerer LRS fallen viel früher auf. Sie hätten ohne gezielte Förderung keine Chance, so gut zu lesen und zu schreiben, um sich so weit „durchzumogeln".

Besprechen Sie mit den Eltern, ob sie ihr Kind testen lassen wollen. Natürlich hängt das Verfahren vom Bundesland und der Schule ab, sodass Sie die Eltern diesbezüglich informieren sollten. Den für Sie relevanten Erlass erhalten Sie direkt beim zuständigen Ministerium oder im Internet[14]. Über das tatsächliche Testverfahren, die nötigen Unterlagen und Gutachten kann aber nur derjenige informieren, der den Test tatsächlich durchführt. Sollte an Ihrer Schule keine Lehrkraft dafür zuständig sein, verweisen Sie auf einen Schul-, Kinder- oder Jugendpsychologen.

Wenn das Ergebnis vorliegt, erfahren die Eltern:

a) Es wurde eine Legasthenie/LRS festgestellt.
b) Es wurde keine Legasthenie/LRS festgestellt.

In beiden Fällen, also unabhängig von der Diagnose, braucht das Kind Hilfe und eine passende Rechtschreibförderung, denn sonst wäre es ja gar nicht aufgefallen.

14 Vgl. Erlasse der Bundesländer (siehe Linktipps).

© AOL-Verlag

Wurde eine Legasthenie/LRS festgestellt, hat ein Schüler jedoch (je nach Bundesland mehr oder weniger) Anspruch auf Förderung und Nachteilsausgleich. Eine Kostenübernahme für Therapien durch das Jugendamt erfolgt für spät erkannte LRS-Schüler im Allgemeinen nicht. Sie leiden weder an einer extremen Legasthenie noch befinden sie sich in einem „seelischen Notzustand mit sozialen Integrationsrisiken".[15]

1.3. Erlasse

Für Schüler mit besonderen Schwierigkeiten beim Lesen und Rechtschreiben gibt es den Beschluss der Kultusministerkonferenz, Erlasse der einzelnen Bundesländer und z. T. Regelungen zur Umsetzung in den jeweiligen Schulen.
Die „Grundsätze zur Förderung von Schülerinnen und Schülern mit besonderen Schwierigkeiten im Lesen und Rechtschreiben oder im Rechnen" als Beschluss der Kultusministerkonferenz vom 04.12.2003 in der Fassung vom 15.11.2007 enthalten u. a. Vorschläge zum Nachteilsausgleich und zur Leistungsbewertung[16]. Diese werden nicht überall umgesetzt. Sie helfen aber zu verstehen, was einem LRS-Kind das Schulleben ein bisschen erleichtern könnte.

1.3.1. Leistungsbewertung

Die Entscheidung, ob Abweichungen von der Leistungsbewertung erfolgen können, liegt beim jeweiligen Ministerium und/oder der Schule. Sie betreffen Zensuren in Klassenarbeiten und Zeugnissen und werden dokumentiert. So heißt es dann z. B. an entsprechender Stelle: „Die Rechtschreibleistungen entsprechen nicht den Anforderungen; sie sind in den Fachnoten nicht enthalten."
Dieser „Notenschutz" bezüglich der Rechtschreibung soll motivieren, indem gute Leistungen tatsächlich als solche benotet werden und nicht durch die zahlreichen Rechtschreibfehler gleichbleibend schlechte Zensuren un-

15 Vgl. Was tun bei Legasthenie in der Sekundarstufe?, S. 249.

16 Vgl. Grundsätze zur Förderung von Schülerinnen und Schülern mit besonderen Schwierigkeiten im Lesen und Rechtschreiben oder im Rechnen. Beschluss der Kultusministerkonferenz vom 04.12.2003 i. d. F. vom 15.11.2007 (siehe Anhang und Linktipps).

© AOL-Verlag

ter schriftlichen Arbeiten stehen. Er soll LRS-Schülern Mut machen, weiterhin viel zu schreiben, und gewährt ihnen Zeit, ihre Defizite auszugleichen. Eine Aufgabe der Lehrkräfte und Eltern besteht darin zu verhindern, dass eine grenzenlose Gelassenheit eintritt: „Die Rechtschreibung zählt ja sowieso nicht. Warum soll ich mich da anstrengen?“

Eltern machen sich manchmal Sorgen, dass ihr Kind auf Dauer Nachteile haben wird, weil es als „Legastheniker“ abgestempelt ist. Ein Zeugnisvermerk in der Sekundarstufe I wird aber im Allgemeinen keine Auswirkungen auf seine Karriere haben. Wenn Eltern bzw. ihre volljährigen Kinder nicht möchten, dass Abweichungen von der Leistungsbewertung gewährt und damit zwangsläufig auch dokumentiert werden, wird das berücksichtigt.

Bislang wurden Abweichungen von der Leistungsbewertung nur in der Grundschule und der Sekundarstufe I gewährt. Seit Juni 2013 können in Schleswig-Holstein auch in der Sekundarstufe II und bei der Abiturprüfung die Rechtschreibleistungen zurückhaltend gewichtet werden[17]. Wer davon Gebrauch machen möchte, muss sich aber im Klaren darüber sein, dass dann im Abiturzeugnis steht: „Die Rechtschreibleistungen entsprechen nicht den Anforderungen; sie sind in den Fachnoten zurückhaltend gewichtet.“ Wie wichtig das Abiturzeugnis für die weitere berufliche Laufbahn ist und wie negativ dieser Vermerk sich auswirken kann, vermögen Eltern und Schüler vielleicht nicht abzusehen.

Da Schleswig-Holstein einen umfassenden Nachteilsausgleich in der Sekundarstufe II gewährt, sollten LRS-Schüler vorzugsweise anstreben, ihre Noten durch gezieltes Rechtschreibtraining und Nutzung der Ausgleichsmaßnahmen zu verbessern.

1.3.2. Nachteilsausgleich

Unter Nachteilsausgleich versteht man Maßnahmen, die es einem Schüler ermöglichen, trotz seiner Lese- und/oder Rechtschreibschwierigkeiten Leistungen zu erbringen, ohne dass diese Maßnahmen im Zeugnis vermerkt werden. Dazu gehören beispielsweise

- längere Arbeitszeiten,
- das Vorlesen der Aufgabenstellung oder
- die Nutzung von Hilfsmitteln.

© AOL-Verlag

17 Vgl. Erlass Schleswig-Holstein (siehe Linktipps).

Dieser Unterschied zwischen Leistungsbewertung und Nachteilsausgleich ist vielen Eltern nicht bewusst. Als Lehrkraft haben Sie so zwar gute Möglichkeiten, einzelne Schüler zu entlasten, andererseits stoßen Sie damit vielleicht auf Widerstand bei anderen Kindern, Eltern oder Kollegen.
Wenn ein Nachteilsausgleich auch in den höheren Klassen gewährt wird, was letztlich, trotz aller Empfehlungen und Erlasse, im Ermessen der Schule liegt, wird das nicht im Zeugnis vermerkt. Unter Umständen kann ein LRS-Schüler sogar bei Abiturprüfungen einen Nachteilsausgleich bekommen, wie beispielsweise zusätzliche Zeit zum Korrigieren und die Erlaubnis zur Verwendung eines Wörterbuches. Im Abiturzeugnis wird nichts davon stehen.

1.4. LRS aus Kindersicht

Was bedeutet LRS? Was ist für dich das Schlimmste daran? – Diese Fragen beantworten meine Schüler in der ersten Unterrichtsstunde.

Das Schlimmste an LRS ist:

- *Das man einen 50 % Schongse hat (das heist das man das richtige denkt und sich für das falsche entscheided)*
- *Das ich mir häufich nicht sicher bin wenn ich schreibe*
- *Ich mag das nicht wen ich in der öffentlich was falz schreibe*
- *Das ich dauernt was Falschschreibe*
- *Das Klassenkammerraden lachen*
- *Das mann gehähnselt wird*
- *Das ich des wegwn geärgrt werde*
- *Die lachenden Mitschüler*
- *Das ich angst habe andere könten darüber lachen*
- *Diktarte schreiben*
- *Übungs Ticktate*
- *Das ich immer auf einen Schmir Zettel schreiben soll*
- *Das ich immer sehr viel üben muss*
- *Ich muss dauernt üben!!!*
- *Das ich immer so viel nachdenken muss wenn ich nicht genau weis wie das Wort geschrieben wird*
- *Das ich nicht so viel selber velervrei schreiben kann*

© AOL-Verlag

- *Das ich nicht gerne schreibe und es anderen zeigen muss*
- *Es ist mir peinlich wenn ich etwas schreibe und meine Mittschuler dass lessen!*
- *Ich schreibe Brife und meine Mutter muss sie immer Lesen und fehler raussuchen*
- *Erger von den Eltern*
- *Mekernde Eltern*
- *Immer die Verbeserrung Meiner mama*
- *Die roten Striche in meinen Heften*
- *Schlechte Noten*
- *Schlechtes Gewissen*
- *Schlechteres Zeugnis*
- *Abgeschoben zu sein*
- *Das ich nie normal sein werde*

Was sie schreiben, erscheint vollkommen verständlich. Sie sind zwischen 10 und 15 Jahre alt, sie haben Träume und Ängste, aber nicht die vorausschauende Vernunft der Erwachsenen.
Diesen Kindern ist nicht damit geholfen, dass Experten Erklärungen suchen. Sie brauchen jetzt sofort konkrete Hilfe, damit die Spirale in den Abgrund aufhört. Nicht richtig schreiben zu können, ist für sie schrecklich. Die anderen können es oder scheinen zu wissen, wie man mit mehr Übung besser werden kann. Sie wissen es nicht. Sie wissen nur, dass sie nicht wissen, wie es geht, und dass stundenlanges Üben überhaupt nichts nützt – vielleicht, um die Mutter zu beruhigen, aber nicht, um die Noten zu verbessern. Und sie wissen auch nicht, was sie dagegen tun können.
Die Diagnose Legasthenie/LRS bedeutet für solche Schüler der 5. bis 10. Klasse meist, dass ihre Rechtschreibleistung vorläufig nicht gewertet wird. Zusätzlich beschäftigen sich jetzt die Eltern gezielt mit der Problematik, sodass eine Mischung aus Verständnis und gut gemeinter Hilfe die Kinder oft überfordert.

© AOL-Verlag

1.5. Elterninformation

Als Lehrkraft treffen Sie auf verunsicherte Eltern, die zu Recht auf Ihre Hilfe hoffen oder bestehen. Sie wollen das Beste für ihr Kind und machen sich Sorgen.

1.5.1. Informationspflicht der Schule

In „Grundsätze zur Förderung von Schülerinnen und Schülern mit besonderen Schwierigkeiten im Lesen und Rechtschreiben oder im Rechnen“[18] heißt es:
„Die Zusammenarbeit zwischen Schule und den Eltern ist eine wichtige Voraussetzung für eine erfolgreiche Förderung. Die Eltern von Schülerinnen und Schülern mit besonderen Schwierigkeiten im Lesen und Rechtschreiben sollen über Erscheinungsformen der Schwierigkeiten und die Möglichkeit, sie zu überwinden, informiert werden. Sie erhalten Hinweise auf die jeweils angewandte Lese- und Rechtschreibmethode, auf die besonderen Lehr- und Lernmittel, auf häusliche Unterstützungsmöglichkeiten, geeignete Fördermaterialien, Motivationshilfen und Leistungsanforderungen.“
Die Schule bzw. Sie als Lehrkraft sollen also die Eltern umfassend über

- Erscheinungsformen der Schwierigkeiten,
- Möglichkeiten, die Schwierigkeiten zu überwinden,
- angewandte Lesemethode,
- angewandte Rechtschreibmethode,
- besondere Lehr- und Lernmittel,
- häusliche Unterstützungsmöglichkeiten,
- geeignete Fördermaterialien,
- Motivationshilfen und
- Leistungsanforderungen

informieren.

© AOL-Verlag

18 Vgl. Beschluss der Kultusministerkonferenz vom 04.12.2003 i. d. F. vom 15.11.2007 (siehe Anhang und Linktipps).

1.5.2. Eltern-Ratgeber

Für Eltern spät erkannter LRS-Schüler ist wichtig, dass sie sich auch unabhängig von der Schule informieren können. Sie suchen nach sinnvollen Büchern und Internetseiten. Nachdem sie den Bescheid über eine LRS oder Legasthenie in den Händen halten, sind sie meist voller Tatendrang, ernüchtern aber schnell.

Hier sehen Sie eine typische Anfrage, die ich in ähnlicher Form immer wieder telefonisch oder schriftlich erhalte:

„Wir sind mit dem Thema LRS noch recht unsicher. Wenn Sie Anregungen oder Tipps haben, Bücher empfehlen könnten, wäre das bestimmt hilfreich. Vielleicht haben Sie, nachdem Sie unser Kind kennengelernt haben, auch spezielle Hilfestellungen für uns Eltern, damit wir verstehen, was LRS für unser Kind und uns eigentlich genau bedeutet. Viel mehr als den Bescheid haben wir von der Schule nämlich nicht mitbekommen und das, was wir so zusammengelesen haben, ergibt ein eher diffuses Bild. Wenn Sie Elterngespräche anbieten, würden wir dies gerne so bald wie möglich in Anspruch nehmen."

Aus diesem Grund entstand das Buch „Intelligente LRS-Schüler – Ratgeber für Eltern"[19], das parallel zu diesem Titel erschienen ist. Es hält für Eltern von LRS-Schülern, die erst relativ spät als solche erkannt wurden (etwa ab der 4. Klasse), alle Informationen bereit, die sie brauchen, um sich auf diese neue Situation einzustellen. Empfehlen Sie den Eltern zuerst einmal dieses Buch. So können Sie davon ausgehen, dass Sie mit gut vorbereiteten und einigermaßen beruhigten Eltern sprechen, wenn es darum geht, wie der LRS-Schüler von allen am besten unterstützt werden kann. Das Buch enthält neben vielen anderen Erklärungen, Hinweisen und Tipps auch umfassende Informationen zu den oben aufgeführten

- Erscheinungsformen der Schwierigkeiten,
- Möglichkeiten, die Schwierigkeiten zu überwinden,
- besonderen Lernmitteln,
- häuslichen Unterstützungsmöglichkeiten,
- geeigneten Fördermaterialien sowie
- Motivationshilfen.

© AOL-Verlag

19 Livonius, Uta: Intelligente LRS-Schüler – Ratgeber für Eltern. Hamburg: AOL-Verlag 2014.

Die Eltern werden wahrscheinlich zusätzlich Fragen haben und vielleicht auch ein paar Vorschläge machen. Da beide Bücher aufeinander abgestimmt sind, können Sie aber davon ausgehen, dass gegenseitiges Verstehen und gemeinsames Streben nach guten Lösungen überwiegen.

1.5.3. Beratung bei Rechtschreibproblemen

Viele Eltern scheuen sich davor, ihr Kind auf LRS testen zu lassen, wenn es starke Rechtschreibschwierigkeiten hat. Sie wollen es erst einmal mit Nachhilfe versuchen oder hoffen, dass alles wieder besser wird, wenn ihr Kind sich an die neue Schule gewöhnt hat. Sie möchten nicht, dass ihr Kind abgestempelt wird und womöglich später schlechtere Berufsaussichten hat.
Ein LRS-Test ist zwar nicht endgültig aussagekräftig, wer aber durch ihn als LRS-Schüler anerkannt ist, hat das Recht auf einen Nachteilsausgleich. Dadurch werden alle Beteiligten (Schüler, Eltern und Lehrkräfte) entlastet. Motiviert dadurch, dass Rücksicht auf ihr Kind genommen wird, sind Eltern meistens gern bereit, ihren Teil zum Gelingen einer Förderung beizutragen.
Raten Sie daher den Eltern rechtschreibschwacher Kinder zum Test. Wenn diese das nicht möchten, raten Sie ihnen zumindest, den o. g. Elternratgeber zu lesen. Auch für nicht anerkannte rechtschreibschwache Kinder gibt es zahlreiche Möglichkeiten, die Leistungen durch ein positives Umfeld und gezielte Förderung zu steigern.

1.5.4. Besprechen von Testergebnissen

Jedes Kind ist einzigartig und Eltern haben unterschiedliche Vorstellungen davon, was Legasthenie/LRS bedeutet. Dennoch können Sie ihnen die Testergebnisse auf ähnliche Weise präsentieren. Hierbei handelt es sich ja im Wesentlichen um Zahlen, die belegen, ob bei einem Kind eine Legasthenie/LRS erkannt wurde oder nicht.
Wird ein Kind außerhalb der Schule getestet, werden die Eltern dort über das Resultat informiert und kommen damit zu Ihnen.
Im Fall der Feststellung einer Legasthenie/LRS freuen sich die betroffenen Schüler normalerweise, dass es endlich eine Erklärung für ihre Rechtschreibprobleme gibt, fragen sich aber, ob sie eine Krankheit haben. Ihre Eltern sind erleichtert wegen der Begründung für die schlechten Leistungen, aber auch besorgt, dass diese Feststellung ihrem Kind die Zukunft verbau-

© AOL-Verlag

en könnte. Sie wollen erfahren, was das Ergebnis bedeutet, was jetzt getan wird und was sie beitragen können.

Eltern sollten nicht zu stark beunruhigt sein, auch wenn in den Zeugnissen steht, dass eine LRS/Legasthenie besteht und die Rechtschreibleistungen nicht berücksichtigt wurden. Bisher hat sich noch niemand mit einem Zeugnis der 5., 6., 7. oder 8. Klasse für einen Ausbildungs- oder Studienplatz beworben. Wenn ein Schüler jetzt gezielt an seiner Rechtschreibung arbeitet, gibt es für die relevanten Zeugnisse wahrscheinlich keinen Bedarf für diese Bemerkungen.

Es empfiehlt sich auf jeden Fall, einen Nachteilsausgleich und Abweichungen von der Leistungsbewertung in Anspruch zu nehmen, damit gute Leistungen zu guten Noten führen und nicht wegen der Rechtschreibung das Gefühl entsteht, es hätte sowieso keinen Sinn, sich zu bemühen.

Geben Sie den Eltern nach einem ersten Gespräch Zeit, sich zu informieren und Gedanken zu machen, bevor Sie zu sehr ins Detail gehen. Auf jeden Fall können Sie sie beruhigen. LRS ist keine Krankheit. Mit Unterstützung und Förderung vermag ein intelligenter LRS-Schüler seine Rechtschreibschwierigkeiten zu überwinden.

Erklären Sie den Eltern, was von Schulseite aus sofort unternommen wird. Denkbar sind Förderunterricht oder Notenschutz für alle schriftlichen Arbeiten. Vereinbaren Sie in einigen Wochen ein ausführliches Gespräch. Eltern finden Anregungen zur Vorbereitung z. B. im o. g. Buch „Intelligente LRS-Schüler – Ratgeber für Eltern". Wichtig ist dabei, auch das Kind und seine Wünsche, Fragen und Ängste mit einzubeziehen. Daher sollten Schüler und Eltern die Möglichkeit haben, sich auf die neue Situation einzustellen. Dann wird ein konstruktives Gespräch zu guten Plänen für ein gemeinsames, sinnvolles Vorgehen führen.

Was im Einzelnen bei einem Elterngespräch angesprochen und vereinbart werden kann, finden Sie in Kapitel 3.

© AOL-Verlag

1.6. Warum LRS-Schüler Rechtschreibung lernen können

Lesen und schreiben kann niemand von Geburt an, beides muss erlernt werden.
Eine LRS **entsteht** durch Probleme **beim Erlernen** des Lesens und/oder der Rechtschreibung.
Die Gründe für die Probleme beim Erlernen des Lesens und/oder der Rechtschreibung können unterschiedlicher Art sein.
Eine LRS ist also niemals angeboren.
Die Veranlagung, eine LRS zu entwickeln, kann aber schon vor dem Grundschulalter bestehen.
Das **Erlernen** des Lesens und der Rechtschreibung kann **auch zu einem späteren Zeitpunkt**, nicht nur im Alter zwischen 5 und 10 Jahren, erfolgen.

Daraus folgt:
Wenn die Probleme beim Erlernen überwunden sind, sei es durch Änderungen beim Lernenden, der äußeren Gegebenheiten, der Lernmethoden oder einer Kombination daraus, dann können diese Menschen das Lesen und Rechtschreiben erlernen und die LRS von früher vergessen oder sie zumindest vermindern.
Eine LRS kann aber nicht von alleine verschwinden. Die Hoffnung, dass es irgendwann einfach „klick!“ macht, ist nicht berechtigt.

© AOL-Verlag

2. Eigenheiten von LRS-Schülern

In diesem Kapitel erfahren Sie

- wodurch LRS-Schüler im Unterricht auffallen,
- warum nicht nur die Sprachen Schwierigkeiten bereiten,
- wie Probleme beim Lesen entstehen können,
- wie Probleme beim Rechtschreiben entstehen können,
- wie LRS-Schüler eigene Regeln entwickeln,
- warum die Handlungsweisen von LRS-Schülern oft kaum nachvollziehbar sind,
- welche Strategien LRS-Schüler entwickeln, um Problemen auszuweichen,
- wie „Verhaltensauffälligkeiten" entstehen,
- warum das Verstehen nötig ist, um zu helfen, und
- wie das Selbstbewusstsein von LRS-Schülern gestärkt werden kann.

Kinder mit LRS nehmen vieles anders wahr und verarbeiten diese Informationen anders als Schüler ohne LRS. Dadurch entstehen Auffälligkeiten, Probleme und Verhaltensmuster, die oft von den Mitmenschen nicht oder falsch verstanden werden. Ein einheitliches Erscheinungsbild gibt es dabei nicht. Viele Eltern meinen daher, ihr Kind hätte keine „richtige" LRS, es könne ja gut lesen, leserlich schreiben, würde keine Buchstaben auslassen oder verdrehen, wäre in Englisch gut usw.

2.1. Auffälligkeiten im Unterricht

Oft werden die im Folgenden aufgeführten Auffälligkeiten als typisch für Kinder mit LRS beschrieben. In den unteren Klassenstufen betreffen sie in den einzelnen Phasen des Lernens die meisten Schüler. Treten sie aber noch deutlich bei Kindern ab der 5. Klasse auf, ist dies ein Hinweis dafür, dass beim Lesen- und/oder Schreibenlernen Schwierigkeiten bestanden, die bisher nicht vollständig überwunden werden konnten.

© AOL-Verlag

Die folgende Zusammenstellung ist sicher nicht vollständig, gibt aber einen Eindruck, wie komplex die Auswirkungen auf die schulischen Leistungen sein können:

2.1.1. Lesen

- Verwechslung ähnlicher Buchstabenformen beim Lesenlernen:
  d–b–p–q, a–e, u–n, W–M, N–Z, r–n–m, L–F–E, I–J–l, f–t
- besondere Schwierigkeiten beim Lesen von längeren Wörtern, da die Silben nicht erkannt werden
- langsames, stockendes Lesen mit Selbstkorrektur
- Lesen ohne Betonung
- sinnentstellendes Lesen
- Sinnerfassung fehlt, da der Lesevorgang zu viel Aufmerksamkeit erfordert
- Sinnerfassung fehlt, obwohl der Text flüssig gelesen wird

Kinder mit diesen Problemen drücken sich vor dem Lesen, wenn es irgendwie möglich ist.

2.1.2. Schreiben

- Verwechseln gleich- oder ähnlich klingender Laute: o–u, i–ü–y, ä–e, s–z
- Auslassen oder Hinzufügen von Buchstaben
- Vertauschen von Buchstaben: „Knio“ statt „Kino“
- lautgetreues Schreiben: „doidsch“ statt „deutsch“
- keine Unterscheidung kurzer und langer Laute: „kam“ oder „Kamm“, „in“ oder „ihn“
- kein automatisiertes Schreiben
- Wörter werden bewusst gebildet, oft nach (falschen) eigenen Regeln
- falsche Zeichensetzung, weil die Sprachmelodie fehlt
- fehlerhafte Groß- und Kleinschreibung
- schlechte Schrift

2.1.3. Mathematik

- falsches Abschreiben
- Auslassen, Übersehen, Verdrehen von Ziffern oder Zeichen
- Verwechseln ähnlich aussehender Ziffern: 1–7, 6–9, 5–3–2
- Verwechseln der Bedeutung der Rechenzeichen

© AOL-Verlag

- Vertauschen der Reihenfolge von Ziffern: „69“ statt „96“
- keine Vorstellung von Größenordnungen
- Probleme beim Umrechnen von Einheiten
- ungenaues Lesen, z. B. „Quader“ statt „Quadrat“
- ungenaues Lesen von Textaufgaben
- Vergessen oder Übersehen von Teilaufgaben

2.1.4. Raumlage, Reihenfolge, Zeit

- Verwechseln von: „oben/unten“, „hinten/vorne“, „rechts/links“
- Verwechseln der Linien bei Musiknoten
- Vertauschen der Reihenfolge, z. B. bei Telefonnummern
- kein Wiedererkennen von Formen, z. B. Länder oder Flüsse
- Folgen werden als Ganzes gelernt und können nur so abgerufen werden: Abc, Wochentage, Monate, 1x1, unregelmäßige Verben usw. (Wird also z. B. nach dem Vorgänger von W gefragt, beginnt das Kind bei A.)
- Probleme mit dem Zeitbewusstsein (Uhrzeit, Wochentag usw.)

2.1.5. Sachfächer

- kein sinnerfassendes Lesen von Sachtexten
- unsaubere bis chaotische Heftführung

Zusätzlich spielen oft die bislang beschriebenen Schwierigkeiten (Fehler beim Schreiben, Verwechslungen bei der Raumlage, unsicherer Umgang mit Reihenfolgen) eine Rolle. So verwundert es nicht, dass gerade in den Fächern, die diese Schüler bisher mochten und konnten, plötzlich starke Probleme auftreten. In der Grundschule reichte es meistens, gut aufzupassen und sich am Unterricht zu beteiligen, um in diesen Fächern gut zu sein; das genügt in der Sekundarstufe nicht mehr.

2.1.6. Fremdsprachen

Die Fremdsprachen stellen Lehrkräfte und Eltern von LRS-Schülern immer wieder vor verblüffende Rätsel. Wie kann ein Kind, das doch die Rechtschreibung nicht begreift, in den Fremdsprachen (fast) alles richtig machen? Das geschieht häufig, denn auch LRS-Kinder lernen die Sprachen, wie ihre Klassenkameraden, ganz neu. Wenn sie ohne falsche Regeln, neugierig und fleißig lernen, gelingt es ihnen, diese Fächer von Grund auf zu ver-

© AOL-Verlag

stehen und zu beherrschen. Das gilt auch für Englisch in der Grundschule. Die Wörter werden einzeln geübt und normalerweise wird nicht erwartet, dass die Kinder Regeln auf andere, schon bekannte Wörter übertragen können.
Andere schleppen ihre Probleme, besonders wenn sie langsame Lerner sind, leider auch in diesen Fächern mit. Im Anfangsunterricht einer Fremdsprache erwarten sie noch nicht einmal, dass sie irgendetwas verstehen und verlieren (wieder einmal) den Anschluss.
Aber: Ein schlechter Rechtschreiber in Deutsch muss absolut kein schlechter Fremdsprachenschüler werden.
Je nach Neigung der Schüler sollte der Rat, welche Sprachen gewählt werden, individuell ausfallen. Kinder, die gern reden, sind mit Latein unglücklich, im Gegensatz zu denen, die klare Regeln und Grammatik bevorzugen. Früher wurde LRS-Schülern meist zu Latein geraten. Wer sich aber vor allem mit dem genauen Unterscheiden einzelner Buchstaben schwertut, wird in diesem Fach große Mühe haben.
Die im Folgenden unter „Englisch“ beschriebenen Schwierigkeiten können alle Sprachen betreffen.[20] Große Probleme bereiten oft auch das sinnerfassende Lesen und das fehlerfreie Abschreiben.

Englisch

- Aussprache unklar: „food“ oder „foot“, „fog“ oder „fork“
- lautgetreues Schreiben: „it“ statt „eat“
- Verwechseln gleich oder ähnlich klingender Wörter: „two“ oder „too“ oder „to“, „bag“ oder „back“, „there“ oder „their“ oder „they're“
- falsches Übertragen erlernter Regeln, z. B.: langes i schreibt man ee wie in „to see“: „mee“ statt „me“, „dreem“ statt „dream“, „peeple“ statt „people“
- Unregelmäßige Verben werden als Ganzes gelernt, können aber nicht übertragen oder im Text erkannt werden.
- Verwirrung durch unbekannte Wörter führt zur Blockade.

© AOL-Verlag

20 Vgl. Was tun bei Legasthenie in der Sekundarstufe?, S. 147 ff.

Französisch

Hauptschwierigkeiten durch:

- Akzente
- stumme Endungen
- Geschlecht der Substantive

Latein

Hauptschwierigkeiten durch:

- ungenaues Lesen
- verwechseln ähnlicher Vokabeln

Spanisch

Spanisch ist die Fremdsprache, die LRS-Schülern erfahrungsgemäß am wenigsten Extraschwierigkeiten bereitet.[21] Das liegt wohl daran, dass Spanisch im Vergleich zu anderen alphabetischen Schriftsprachen sehr lauttreu ist.

Viele der beschriebenen Auffälligkeiten treffen häufig gar nicht zu und jedes Kind hat sein eigenes Muster.

2.2. Wie sich Lese- und Rechtschreibprobleme entwickeln

Niemand beherrscht Lesen und Rechtschreiben, wenn er geboren wird. Alle müssen es lernen und dafür ist es nie zu spät.
Spät erkannte LRS-Schüler haben die Grundschule gut absolviert. Sie haben Lieblingsfächer und andere, die sie nicht so mögen. Jetzt sind sie wegen ihrer schlechten Rechtschreibung aufgefallen. Um ihnen aus dem Rechtschreib-Teufelskreis herauszuhelfen, ist es notwendig zu verstehen, wie sie hineingeraten sind.
Kinder kommen meistens mit sechs Jahren und meistens einigermaßen neugierig in die Schule. Eltern und Lehrkräfte sind daran interessiert, dass sie mit Freude das Lesen und Schreiben lernen. Die Voraussetzungen scheinen zu stimmen. Aber irgendwo passt dann irgendetwas nicht mehr zusammen.

© AOL-Verlag

21 Vgl. Was tun bei Legasthenie in der Sekundarstufe?, S. 147.

2.2.1. So genial kann Lesen sein

Kein Kind, das nicht lesen kann, wird auf die Realschule oder das Gymnasium versetzt. Es gibt aber viele, die nicht lesen wollen. Der Grund ist meistens, dass diese Kinder Angst haben, sich zu blamieren.

Kinder haben Angst, sich zu blamieren.

Sie wissen, dass sie keine guten Vorleser sind, aber zum Verstehen von Anweisungen und kurzen vorgegebenen Texten reicht es schon. Wie die Probleme beim Lesen entstehen können, verdeutlicht das Beispiel von q, p, b und d. Losgelöst vom Papier, also sozusagen als Gegenstände, gibt es nicht den geringsten Unterschied. Es ist immer derselbe Buchstabe, nur aus verschiedenen Perspektiven betrachtet. Ein Auto von rechts oder links angeschaut ist doch schließlich immer noch ein und dasselbe Auto ...
Die Leistung eines Sechs- oder Siebenjährigen, der das so sieht, ist doch großartig. Später nennt man das bedeutungsvoll „Transferleistung“ und „räumliches Vorstellungsvermögen“. Leider behindert es aber das Lesenlernen, ohne dass jemand es bemerkt. Es sei denn, dieses Phänomen ist ihm vertraut.
Geschriebenes mit bekanntem Inhalt kann ein solch kleines Genie anhand von Hilfsstrukturen trotzdem entziffern:

Japas Kiup kauu lasau laruau.

So erscheint ein Text nämlich, wenn q, p, b und d, genau wie e und a sowie u und n nicht unterschieden werden können:

Jedes Kind kann lesen lernen.

Japas Kiup kauu lasau laruau.

Ist ein Kind, das diese Leseleistung vollbringt, nicht genial? Wenn man gewusst hätte, warum es sich mit ungeübten Texten so schwertut, hätte man mit Moosgummi- oder Knetbuchstaben geduldig die Unterschiede erarbeiten können. Stattdessen hieß es in der Grundschule wahrscheinlich: „Das Kind muss mehr lesen üben.“ (Man selbst bekommt ja schon beim Gedanken daran Kopfschmerzen!) Und jetzt ist es für so einen „Kinderkram“ wie Kneten fast zu spät, denn Fünftklässler können ja lesen.

© AOL-Verlag

Das Folgende kann jeder lesen, auch wenn es zu Anfang vielleicht nicht ganz einfach ist:

Tlol! Wnen die estern und lzteetn Bstchauebn an der rhcitgien Sletle sehten, knan man aells vstreheen. Das ist agmlleein bnnkeat.

Its es nchti kmcshio, dsas Sei dsenei Txte sgrao lenes knnnöe, ohwlbo dei Rngefloehei dre Bbauhtncse jztte kttlpome dreichundnare its?

S0G4R W3NN 24HL3N D13 8UCH5T483N T31LW3153 3R53T23N, KÖNN3N 513 L353N. D45 WU55T3N 513 V13LL31CHT N0CH G4R N1CHT.

Rchtschrbng nrvt. Wnn mn sch drn gwhnt ht, knn mn d Vkl nfch wglssn nd rknnt trtzdm jds Wrt. Wr flßg lrnt, wrd bld prfkt schrbn.

Wosu? Farhaden Sei mirr, wrumm ale woln, daas mann riechich shriept, opwlo ieda fastäd waz re leißt?

Da Lesen und Schreiben miteinander zusammenhängen, sollten gerade LRS-Schüler möglichst viel lesen. Comics, Bücher oder Zeitschriften eignen sich dazu meist besser als Sachtexte in Schulbüchern.

Eltern sollten lange Texte vorlesen, die ihr Kind für die Hausaufgaben braucht, wenn es nicht gut sinnerfassend lesen kann. Verbringt ein Schüler die Zeit vor seinem Buch nur mit dem Aneinanderreihen von Buchstaben und Wörtern, ohne dass er den Inhalt versteht, verliert er sonst bald den Anschluss in Schulfächern, die ihm eigentlich liegen. Die Gefahr, auch in Sachfächern scheinbar ohne Grund plötzlich schlechter zu werden, ist gerade für Kinder, die nur mühsam sinnerfassend lesen können, enorm.

Die Gefahr, auch in Sachfächern scheinbar ohne Grund plötzlich schlechter zu werden, ist für Kinder, die nur mühsam sinnerfassend lesen können, enorm.

Es gibt aber auch gute und hervorragende Leser unter den Schülern mit LRS.

© AOL-Verlag

2.2.2. Ursprung der Rechtschreibprobleme

Auch beim Schreibenlernen gibt es die unterschiedlichsten Gefahren, den Anschluss zu verlieren, gerade weil man intelligent ist oder genial denkt. Das geschieht, wenn der individuelle Entwicklungsstand und das Lernangebot nicht zusammenpassen.[22]
Hier einige Beispiele:

- „Igel“: Ist man dumm, wenn man lange überlegt, warum die beiden Striche unterschiedliche Laute darstellen?
- Was soll der Unterschied zwischen u und n sein?
- „Oma“ und „Otter“: Wieso soll ein rundes O lang sein und das andere runde O kurz?
- Warum gilt plötzlich die Regel „Schreibe, wie du sprichst“ nicht mehr? Bisher wurde man doch dafür gelobt.

In solchen oder ähnlichen Situationen denkt der Schüler vielleicht zu lange über die Fragen nach und verpasst, was darauf aufbauend erklärt wird. Vielleicht versteht er aber auch gar nicht, wie die anderen Unterschiede finden, wo doch alles gleich ist. In dem Fall kann man das Gebilde mit den Strichen vorn und hinten als Symbol für ein kleines Stacheltier lernen. Man wundert sich, warum für ein und dasselbe Zeichen immer verschiedene Namen genannt werden und versucht, sich alle einzuprägen, um sie bei Bedarf zu verwenden. (Das mag beim Lesen gehen, beim Schreiben aber nicht.) Für die O-Länge wartet man einfach, was die anderen sagen, so wichtig wird es schon nicht sein, O ist O. Wenn es bisher gut war, so zu schreiben, wie man spricht oder denkt, werden es die Lehrkräfte doch wohl auch weiterhin verstehen.

Schwierigkeiten entstehen auch durch Missverständnisse.

Schwierigkeiten beim Lesen und Rechtschreiben entstehen eben nicht nur durch Entwicklungsrückstände oder zu hohe Anforderungen, sondern auch durch Missverständnisse beim Erwerb von Lese- und Schreibstrategien.[23]

---

22 Vgl. LRS – Legasthenie in den Klassen 1–10. Handbuch der Lese-Rechtschreib-Schwierigkeiten. Band 2, S. 191.

23 Vgl. LRS – Legasthenie in den Klassen 1–10. Handbuch der Lese-Rechtschreib-Schwierigkeiten. Band 1, S. 37.

© AOL-Verlag

Irgendetwas läuft schief. Die Mitschüler sind sich in vielem einig, ohne dass es einen logischen Grund dafür zu geben scheint. Wer merkt, dass er offensichtlich weniger kann als die Klassenkameraden, gibt das ungern zu. Also werden Strategien entwickelt, um dies zu verbergen. Das geschieht im Wesentlichen unbewusst. In der Grundschule kommt ein intelligentes Kind ziemlich gut damit zurecht. Geübte Diktate erfordern zwar, dass es sehr viel auswendig lernen muss, oft gleicht es eher einem Nachmalen, aber meistens schafft es ein solches Kind bis zum nächsten Tag, sich alles einigermaßen zu merken.
Was sollen Punkte oder Striche unter einem kurzen und einem langen O, wenn die doch alle gleich aussehen, nämlich rund? Also rät der Schüler, malt zweideutige Zeichen, wartet ab, was die anderen machen, hofft auf Hilfe bei den Hausaufgaben oder vermeidet, als Erster vortragen zu müssen, und was es sonst noch an (unbewussten) Taktiken gibt.
Irgendwann, bei vielen Kindern erst in der 5. oder 6. Klasse oder noch später, geht nichts mehr. Alle Strategien, um die Schwächen zu kompensieren, brechen zusammen, weil alles eben doch viel komplexer ist. Plötzlich spielt es in Mathematik eine Rolle, ob q oder p berechnet werden soll. Die Diktate werden nicht mehr geübt. Gutes Zuhören im Sachunterricht reicht für gute Noten nicht mehr aus, weil so viel gelesen werden muss.

Strategien, um die Schwächen zu kompensieren, brechen zusammen.

Schüler, die gern und viel lesen, arbeiten nicht selten nach dem Prinzip „sieht gut aus / sieht komisch aus", wenn es um Rechtschreibung geht. Sie konnten schon ziemlich früh flüssig lesen und waren in der Grundschule von Anfang an bei den Guten, besonders beim Lesen und Schreiben. Warum trifft es sie jetzt? – In der Sekundarstufe wird mehr geschrieben, vor allem auch Wörter, die nicht im täglichen Lesestoff vorkommen. Jetzt hilft die Taktik „sieht gut aus / sieht komisch aus" nicht weiter, weil der Schüler viele Wörter gar nicht kennt und daher auch keine Bilder dazu im Kopf hat. Regeln hat er bisher nicht gebraucht. Jetzt scheint er plötzlich alles verlernt zu haben, was er doch in der Grundschule so gut konnte. Dass er es nie wirklich gelernt hat, weiß er selber nicht.
Für diese Schüler scheint es eigentlich sinnlos, überhaupt etwas zu tun, weil sie noch nicht einmal wissen, wo ihre Fehler liegen. Üben beruhigt für den Moment die Eltern, bringt vielleicht kurzfristig auch Erfolg. Sie verste-

© AOL-Verlag

hen trotzdem nicht, worum es geht und können es sich daher auch nicht lange merken. Wer nichts mehr versteht, will mit all dem verständlicherweise nichts mehr zu tun haben: „Wenn ich sowieso eine Fünf oder Sechs bekomme, spiele ich lieber Fußball, statt zu üben." – Wen wundert das?

2.2.3. Eigene Regeln

Mit einzelnen gelernten Wörtern, richtigen und falschen Regeln und „Gefühl" haben sich intelligente LRS-Schüler bisher durch die Rechtschreibung gemogelt.

Mit einer Mischung aus einzelnen gelernten Wörtern, richtigen und falschen Regeln und „Gefühl" („sieht gut aus / sieht komisch aus") haben sich die intelligenten LRS-Schüler bisher durch die Rechtschreibung gemogelt. Leider können sie Ihnen nicht sagen, welche der Strategien sie jeweils anwenden, weil das im Allgemeinen unbewusst geschieht. Es nützt nichts, einzelne Wörter immer wieder zu üben oder diese Kinder mit Diktaten zu quälen. Sie werden mehr oder weniger erfolgreich raten, aber nicht sicher wissen, wie die Wörter geschrieben werden müssen.

Die Suche nach den Fehlerschwerpunkten scheint nur auf den ersten Blick nicht verkehrt. LRS-Schüler richten sich mit ihrer Rechtschreibung nämlich

LRS-Schüler richten sich wenig nach Methoden oder Regeln, die in der Sekundarstufe vorausgesetzt werden.

oft sehr wenig nach Methoden oder Regeln, die in der Sekundarstufe normalerweise vorausgesetzt werden. Daher kann dieses Vorgehen grundsätzlich nur der Analyse dienen. Ein gezieltes Bearbeiten einzelner Fehlerschwerpunkte ist aber bestenfalls für die guten Auswendiglerner eine Möglichkeit, besser zu werden, weil das eigentliche Problem darin besteht, dass die Grundlagen fehlen.

Intelligente LRS-Schüler haben irgendwo in den Anfängen des Rechtschreibunterrichts den Anschluss verpasst und seitdem stecken sie in einem Teufelskreis. Manchmal gelingt etwas gut, dann keimt Hoffnung auf. – „Jetzt scheint es ‚klick!' gemacht zu haben." Aber wie soll das plötzlich geschehen? Wer bisher mit z. T. falschen Theorien, Ausweichtaktiken und Glück durchkam, wird nicht eines Morgens aufwachen und nur noch richtige Regeln im Kopf haben, die er auch anwendet.

© AOL-Verlag

Dazu ein Beispiel zur Groß- und Kleinschreibung:

Schreibweise:

1. Das kleine Mädchen begleitete den Jungen, der sich wegen des Wetters eine rote Regenjacke kaufen wollte.
2. Das Kleine Mädchen begleitete den jungen, der Sich wegen des wetters eine Rote Regenjacke Kaufen wollte.
3. Das kleine Mädchen begleitete den Jungen, der sich wegen des wetters eine rote Regenjacke kaufen wollte.

Regeln:

1. Das ist doch klar: Nomen werden großgeschrieben.
2. Jedes Wort, vor dem man „der", „die" oder „das" sagen kann, wird großgeschrieben: das Kleine, das Mädchen, der Sich („der" steht in diesem Satz vor „Sich"), die Rote, die Regenjacke, das Kaufen.
3. Alles, was man sehen oder anfassen kann, wird großgeschrieben: Mädchen, Junge, Regenjacke.

> Es sieht häufig so aus, als würde ein LRS-Schüler planlos handeln, aber oft steckt ein Plan, wenn auch leider ein falscher, dahinter.

Es sieht zwar häufig so aus, als würde ein Schüler mit LRS vollkommen planlos handeln, aber oft steckt eben doch ein Plan, wenn auch leider ein falscher, dahinter. Durch die Korrekturen, Belehrungen und Kritiken wird das Kind allerdings so verunsichert, dass es sich nicht einmal mehr an diesen Plan hält. Jetzt haben wir das bekannte, scheinbar unüberlegte Chaos: mal richtig, mal falsch, also ohne (erkennbares) Muster.

Reaktionen auf die Korrektur:

1. Wortarten erkennen, Nomen großschreiben. – Einfach.
2. Da steht doch „das Kleine" und „der Sich". Was ist jetzt schon wieder falsch daran, wenn ich das großschreibe?
   Man kann nicht „der, die oder das Jungen" (hier stellt sich das Kind einen Jungen vor, was mit der Pluralform „die Jungen" gar nicht passt) oder „der, die, das Wetters" sagen. Also muss man „jungen" und „wetters" doch kleinschreiben. Warum stimmt das jetzt schon wieder nicht?

© AOL-Verlag

Man kann doch „das Kaufen“ und „die Rote“ sagen. Warum soll ich das jetzt doch nicht großschreiben?

3. Kann man „Wetter“ vielleicht doch sehen?

Erkennen Sie die Verzweiflung bei demjenigen, der seine Regeln (die ihm in der Schule beigebracht wurden) wohlüberlegt anwendet und trotzdem sechs Fehler in einem Satz macht?

Diese reine Form der falschen selbst gemachten Regeln treffen Sie in der Sekundarstufe natürlich nur sehr selten an. Meistens ist zu diesen falschen Regeln durch die Verunsicherung eine Fülle an falschen Denkweisen hinzugekommen – und wenn es nur die ist, dass man das Wort sowieso falsch schreibt. Eine Berichtigung nützt hier eigentlich nur, wenn die falschen Regeln erkannt werden und das Kind eine Erklärung bekommt, wie und vor allem warum etwas anders geschrieben werden muss. Es ist wichtig, nach dem richtigen Ausstieg aus diesem Teufelskreis zu suchen. Dann kann ein Kind ganz beruhigt von Grund auf die richtigen Regeln erlernen und anwenden und das Chaos hört auf.

Beliebt ist leider z. B. die (falsche) Regel: „Nach einem Komma schreibt man dass immer mit Doppel-s.“ Eine Unterscheidung von Wortart oder Bedeutung wird dabei nicht gemacht. Auch in Aufsätzen wird diese scheinbare Regel, wenn auch nicht immer in der reinen Form, angewendet. Kommaregeln spielen dabei weniger eine Rolle als die Tatsache, dass die Kombination „Komma“/„dass“ zusammengehört.

Ein weiteres Beispiel für eine (falsche) Regel lautet: „Verbformen, die mit einem t-Laut enden, werden mit d geschrieben.“ Diese Regel entstand folgendermaßen:

Als der LRS-Schüler in einer Arbeit alle Partizipien mit t, also falsch, geschrieben hatte („frierent“, „lesent“, „trinkent“), beschloss er, dass ihm das nie wieder passieren würde. Jetzt „gehd“ er singend durch die Stadt und „freud“ sich, dass er eine neue Regel „kennd“ ...

2.2.4. Blockiert durch falsche Annahmen

LRS-Schüler sind oft verunsichert. Sie gehen davon aus, dass sie schlechte Leistungen erbringen und scheitern daher schon an Kleinigkeiten, die Lehrkräften und Eltern gar nicht in den Sinn kämen. Es ist schwer, sie davor zu bewahren, denn nicht einmal sie selbst erkennen, woran es liegt.

© AOL-Verlag

LRS-Schüler stehen sich mit falschen Gedanken und Annahmen selbst im Weg.

Sie stehen sich mit vielen falschen Gedanken und Annahmen selbst im Weg, merken das aber nicht. Dazu ein paar Beispiele:

Lückentexte

Lücken in Lückentexten, die wesentlich größer oder kleiner sind als das, was hineingeschrieben werden soll, geben diesen Schülern das Gefühl, (mal wieder) etwas falsch zu machen. Da kann es vorkommen, dass sie lieber gar nichts einsetzen.

Unbekannte Wörter

Ein unbekanntes Wort, nicht nur in den Fremdsprachen, bringt LRS-Schüler oft dazu, eine Aufgabe überhaupt nicht zu bearbeiten. Sie kommen aber nicht auf die Idee zu fragen.

Dieses Beispiel aus der 2. Klasse zeigt, was später immer wieder passiert: Ein Kind sitzt vor seinen Deutschhausaufgaben, einem Lückentext. Eigentlich kennt es so etwas, aber hier steht über dem Text: „Ergänze!“ Ratlos schaut es auf das Papier, kaut auf seinem Bleistift, zerbröselt ein bisschen etwas von seinem Radiergummi. Schließlich kommt die Mutter und fragt, warum es immer noch nicht fertig ist. Schulterzucken. „Weißt du, was ‚ergänze‘ bedeutet?“ Schulterzucken. „Du sollst in die Lücken reinschreiben, was da fehlt.“ „Ach so.“ – Fünf Minuten später spielt das Kind nach erledigten Hausaufgaben im Garten.

Falsch verstandene Aufgaben

Einfache Aufgaben erscheinen häufig zu einfach. Kaum nachvollziehbare Gedankengänge werden aufgebaut, um daraus eine richtige (also schwere) Aufgabe zu machen, leider meist mit schlechten Folgen. Besonders oft geschieht so etwas bei Mathematikarbeiten.
Fragen werden wörtlich genommen, was ebenfalls oft nicht zu dem erwünschten Ergebnis führt. Etwas übertrieben ist dieses Beispiel aus dem Biologieunterricht: „Kennst du den Unterschied zwischen einer Schlange und einer Blindschleiche?“ Antwort: „Ja.“

© AOL-Verlag

2.2.5. Vermeidungsstrategien

Kinder wollen nicht auffallen, nicht ausgelacht oder beschimpft werden und keine schlechten Noten bekommen.

Was tun Kinder, deren Probleme nicht erkannt werden?
Sie wollen möglichst nicht auffallen, nicht ausgelacht oder beschimpft werden und natürlich keine schlechten Noten bekommen.
Die meisten LRS-Schüler sind sehr charmant. Vermutlich ist das eine (unbewusste) Verhaltensweise zum Durchkommen in der Schule, obwohl sie einiges nicht können. Solange die Mitschüler und Lehrkräfte einen mögen, nehmen sie auch ein bisschen Rücksicht.
Im Unterricht beeindrucken sie immer wieder durch verblüffende Strategien, um bei Schwierigkeiten auszuweichen. Wer seit der 1. oder 2. Klasse diese Strategien anwendet, ist in der 5. nahezu perfekt und täuscht Lehrkräfte und Eltern oft. Bemerkenswert ist, dass ein Kind häufig gar nicht weiß, dass es ausweicht, während seine Strategien von anderen als Teil seiner persönlichen Macken angesehen werden.
Wenn es um das Vorlesen geht, würden viele am liebsten unsichtbar werden, aber auch mit ihren Taktiken schaffen sie es meistens einigermaßen, der Blamage zu entgehen. Dazu gehört z. B.:

- einen Hustenanfall bekommen (So kann man unmöglich lesen!)
- etwas fallen lassen und suchen (Wer unter dem Tisch herumkrabbelt, kann nicht lesen und so viel Geduld zu warten, bis man wieder richtig sitzt, hat die Lehrkraft hoffentlich nicht.)
- fast anfangen zu weinen (Das verschreckt die Lehrkraft.)
- gerade jetzt ganz wichtig etwas anderes tun (Das gibt Ärger, ist aber besser als vorlesen müssen.)
- zerstreut sein und nicht wissen, wo man im Buch gerade ist (Das gibt auch Ärger, ist aber auch besser als vorlesen müssen.)
- beim Lesen nicht mehr atmen (Das erzeugt schnell Mitleid.)

Wer wenig schreibt, macht wenige Fehler.

Bei der Rechtschreibung ist es schwieriger auszuweichen. Die sicherste Methode ist natürlich, so wenig wie möglich zu schreiben. Wer wenig schreibt, macht wenige Fehler. Dann ist die Berichtigung oder Abschrift nicht so lang.

© AOL-Verlag

Es ist traurig, wenn ein Kind, das fantasievolle Geschichten zu erzählen hat, sie aus Angst vor Rechtschreibfehlern nicht aufschreibt und so seine Begeisterung und Begabung allmählich verloren gehen.

Ein guter Geschichtenschreiber, ein LRS-Schüler in der 6. Klasse, dessen Fehler zwar (rot) angestrichen wurden und berichtigt werden mussten (dreimal schreiben, verwandte Wörter finden), dessen Rechtschreibleistungen aber nicht gewertet wurden, schrieb einen achtseitigen Aufsatz. Er bekam eine Zwei und viel Lob. Seine Lehrerin verstand nicht, warum er trotzdem so verzweifelt war. Der Grund: Er hatte 64 Rechtschreibfehler und eigentlich an dem Nachmittag noch etwas anderes vor.

Bei so vielen Fehlern lernt ein Kind bei der vorgeschriebenen Berichtigung nur, dass es nie wieder lange Aufsätze schreiben wird. Zum Glück hatte die Lehrerin Verständnis, besprach mit den Eltern, wie die Berichtigung gemacht werden sollte, und spornte den Schüler zu tollen Leistungen an.

Eine andere Vorgehensweise, Fehler zu „vermeiden“, ist die unleserliche Schrift. In der Hoffnung, der Lehrkraft würden die Fehler so nicht auffallen, da man die Buchstaben sowieso kaum unterscheiden kann, werden mehrdeutige Zeichen gemacht. Mit mehr Vertrauen in die eigene Rechtschreibung wird daher häufig auch die Schrift besser. Ebenso zeugt mikroskopisch Kleingeschriebenes nicht nur von Sparsamkeit im Hinblick auf Tinte und Papier. Es vertuscht hoffentlich auch, was nicht ganz korrekt ist. Viele Kinder mit Rechtschreibproblemen haben aber eine wunderbare Handschrift.

2.2.6. Suche nach Anerkennung – Verhaltensauffälligkeiten

Wer es nicht schafft, für seine Leistungen bewundert zu werden, sucht sich andere Wege. Er kann z. B. mutiger sein als andere und wird so zum Klassenkasper, der sich all das traut, was die anderen auch gern einmal täten. Oder man verschwindet in seine eigene Traumwelt, in der man beliebt und erfolgreich ist. Das sind nur zwei Beispiele: der Störenfried und das Träumerchen. Beides sind Reaktionen auf die verzweifelte Lage, den Anforderungen nicht zu genügen, aber Anerkennung bekommen zu wollen.

© AOL-Verlag

Reaktionen auf die verzweifelte Lage, den Anforderungen nicht zu genügen, aber Anerkennung bekommen zu wollen

Die Bandbreite ist groß:
verträumt, schusselig, vergesslich, zerstreut, gelangweilt, faul, unorganisiert, chaotisch, zappelig, ungeduldig und unaufmerksam. Dies sind nur einige Eigenschaften, mit denen LRS-Schüler immer wieder auffallen.
Niemand will dumm sein, schlecht sein, kritisiert oder ausgelacht werden.
Eine Art Rettung ist für viele die Pubertät. Jetzt gibt es eine allgemein akzeptierte Ausrede: Kinder sind in dieser Phase eben aufsässig, faul und unverständig. Für einen Jugendlichen, der jahrelang sein Nichtkönnen recht gut vertuschen konnte, ist das eine Erlösung. Er kann einfach normal sein, so wie andere in dem Alter auch. Woher das sogenannte Versagen kommt, geht keinen etwas an. Andere sind schließlich z. B. so cool, dass sie überhaupt nicht lernen. Wer gute Noten bekommt, ist ein Streber. Wer will das schon?
Natürlich ist es nicht leicht, die Grenze zwischen Persönlichkeit und Verhaltensauffälligkeit zu ziehen. Schließlich sind nicht alle Schüler gleich. Wenn sich aber ein Kind so verändert, dass es Ihnen auffällt, sollten Sie die Eltern informieren. Die Veränderung kann sich z. B. so äußern[24]:

- Verunsicherung, Ängste
- Minderwertigkeitskomplexe, Selbstverurteilungen
- Resignation, Depression
- stiller werden, Träumerei
- Konzentrationsmangel, Unaufmerksamkeit
- fehlende Motivation, Müdigkeit, Unlust
- Abwehrhaltung, Rückzugsverhalten, Arbeitsverweigerung
- Trotz, konfliktbelastetes Üben
- Leistungsversagen in allen Fächern
- Unruhe, Nervosität, Hektik
- Klassenkasper
- Klagen über Lehrkräfte, Klagen über Ungerechtigkeiten
- wenig Frustrationstoleranz

© AOL-Verlag

24 Vgl. LRS – Legasthenie in den Klassen 1–10. Handbuch der Lese-Rechtschreib-Schwierigkeiten. Band 2, S. 189.

- Impulsivität, Aggression
- psychosomatische Störungen wie Kopfschmerzen, Bauchschmerzen, Tics, Fieber, Schlafstörungen u. a., besonders an Tagen, an denen Klassenarbeiten geschrieben werden

Viele dieser Verhaltensauffälligkeiten geben sich mit dem Weg aus dem Rechtschreib-Teufelskreis ebenfalls. Aber auch hier brauchen die Kinder Unterstützung, idealerweise von Eltern und Lehrkräften.
Ein schönes Beispiel ist ein Mädchen, das still und schüchtern in der 5. Klasse in meinen Unterricht kam. Nach einigen Monaten bemerkte ihr Deutschlehrer, dass sie die Rechtschreibregeln, die er gerade durchnahm, ganz klar und einfach erklären konnte. Er ließ sie Teile des Unterrichts übernehmen. Sie wurde selbstbewusst und fröhlich und ist seither eine Schülerin, die sich in der 7. Klasse über eine Drei ärgert, manchmal ein bisschen zu viel redet und wahnsinnig gerne liest.
Jeder LRS-Schüler ist zuerst einmal ein ganz normales Kind, aber es steckt in einem Rechtschreib-Teufelskreis, aus dem es keinen Ausweg sieht. Und auch den Teufelskreis sieht es vermutlich nicht, nur „diese blöde Rechtschreibung, die man weder verstehen kann noch jemals brauchen wird".

2.3. Selbstbewusstsein

Jedes Kind braucht Anerkennung.

Jedes Kind braucht Anerkennung, wenn nicht über die schulischen Leistungen, dann in anderen Bereichen. Das sollte möglichst nicht die Beachtung als Klassenkasper und Störenfried sein.
Jedes Kind kann irgendetwas gut. Darin sollte es bestärkt werden.

2.3.1. Verstehen und helfen

Oft ist es schwer, LRS-Schüler wegen ihres auffälligen Verhaltens und ihrer scheinbar planlosen Methoden zu verstehen.

Wenn es einfach wäre, die Probleme der Kinder zu erkennen, könnte man in vielen Fällen helfen. Überdeckt durch auffälliges Verhalten und scheinbar planlose Methoden der LRS-Schüler ist aber gerade dieses Erkennen in den höheren Klassen immer schwerer.

© AOL-Verlag

Wäre es so leicht, wie einem rot-grün-blinden Schüler im Kunstunterricht zu erlauben, sein Bild von einer Blumenwiese mit anderen Farben als nur mit Grün und Rot zu malen, wären alle Beteiligten glücklich.
Wer nicht weiß, woran es liegt, dass er Fehler macht, oder sich nicht traut, darüber zu sprechen, lässt sich entweder einreden, er wäre dumm oder er drückt sich vor der Herausforderung. Wer ein Lösungsangebot erhält, nimmt es aber meistens gern an.

> Viele LRS-Schüler lassen sich einreden, sie wären dumm oder sie drücken sich vor der Herausforderung.

Schüler mit Rechtschreibproblemen sind sich oft nicht bewusst, warum sie etwas falsch machen und vor allem nicht, was sie dagegen tun können. Daher ist es verständlich, dass sie versuchen, der ungeliebten Situation irgendwie zu entkommen.
Wenn weder Schüler noch Eltern durchschauen, wieso Aufgaben nicht oder nur fehlerhaft gelöst werden können, wenn außerdem noch alle LRS-Schüler unterschiedlich sind, wie sollen Sie als Lehrkraft sie verstehen?
Versuchen Sie, sich darauf einzulassen, was ein Schüler sagt oder schreibt. Stellen Sie Fragen, die ihm klarmachen, dass Sie ihn verstehen wollen. Vielleicht erfahren Sie ja von einer selbst gemachten Regel oder etwas anderem, was das Lernen blockiert. Mit einem solchen Hinweis haben Sie einen guten Ansatzpunkt, etwas gezielt zu erklären, den Schüler daraufhin zu beobachten und ihm so aus seiner Klemme herauszuhelfen.

2.3.2. Lieblingsfächer und AGs

Gerade wenn Hobbys im schulischen Umfeld stattfinden, ermöglicht das LRS-Schülern, den Lehrkräften und Mitschülern gegenüber positiv aufzufallen. Das ist wertvoller, als jede freie Minute zum Lernen zu nutzen.

Sport

Die Eins in Sport bedeutet unglaublich viel, gerade wenn das Zeugnis sonst nicht gerade besticht. Sie ist der Beweis für Leistungsbereitschaft und Können. Es ist ja nicht unbedingt so, dass die Schüler sich in den anderen Fächern gar nicht bemühen, aber im Sport sind sie begabt (wie andere vielleicht in Sprachen), strengen sich an und erhalten eine angemessene Anerkennung dafür.

© AOL-Verlag

Kunst und Werken

Andere LRS-Kinder sind sehr kreativ. Sie lieben es, sich in Fächern wie Kunst und Werken ausdrücken zu können, ohne Geschriebenes verwenden oder produzieren zu müssen. Ohne Angst vor Fehlern und Blamage können sie hier glänzen und das haben sie sich auch verdient.

Theater und Zirkus

Die meisten LRS-Kinder sind gute Schauspieler, allerdings unbewusst, denn da geht es um Vermeidungsstrategien. Oft profitieren sie davon, dass sie sehr gut auswendig lernen können. Das haben sie sich angeeignet, damit ihr schlechtes Lesen nicht auffällt. Wer sich zusätzlich gern zeigt, ist in einer Theater- oder Zirkus-AG richtig. Hier kann er sich in Rollen hineinversetzen, in denen er all seine Schulprobleme vergisst.

Musik, Chor, Orchester

Wer Musik macht, weiß, was und wie er üben muss und darf sich über seine Erfolge freuen. Einige meiner LRS-Schüler spielen Schlagzeug. Gerade ihnen wird oft vorgeworfen, sie könnten sich nicht konzentrieren, vielleicht weil sie ständig irgendwie klopfen oder die Füße nicht stillhalten. Jeder, der musiziert, kann sich konzentrieren und an Regeln halten. In einem Orchester oder Chor sind diese Qualitäten gefragt. Dort können diese Kinder sich präsentieren, halten sich dabei im Allgemeinen sehr genau an die gegebenen Anweisungen und verzichten auf ihre sonstigen, vielleicht manchmal störenden, Eigenarten.

Andere Schulfächer

Wie alle anderen Kinder auch begeistern sich LRS-Schüler für bestimmte Fächer. Wenn sie nicht durch zu hohe Leseanforderungen und schlechte Leistungsbewertungen wegen ihrer Rechtschreibfehler gebremst werden, finden sie darin die Bestätigung, nicht dumm und unfähig zu sein. Gerade in diesen Fächern ist es wichtig, dass die Lehrkräfte sich mit den Eltern abstimmen, auch wenn es sich meist um Naturwissenschaften, Erdkunde oder Geschichte handelt. Gerade in diesen Fächern muss es (hoffentlich) nicht sein, dass ein eifriges, interessiertes Kind wegen schlechter Schrift oder Rechtschreibung ausgebremst wird und eine weniger gute Note bekommt, als ihm vom Wissen und Einsatz her zuständе.

© AOL-Verlag

AGs

Unabhängig von Leistungsdruck und Klassengemeinschaft bieten AGs leidgewohnten LRS-Schülern Chancen, ihre Begabungen zu nutzen und unter Beweis zu stellen. Viele müssen hier eher zurückgehalten als angespornt werden und übernehmen gern die Verantwortung für Projekte.

2.3.3. Hobbys

Ideal als Ausgleich in der (leider knappen) Freizeit sind Sport, Musik, Malen, Werken, Theaterspielen, aber auch jedes andere Hobby. Hier sind die Kinder Könner, Sieger, wichtig für die Mannschaft oder Gruppe. Sie dürfen zeigen, was sie können und sie können es auch. Das ist gut, denn so verkraftet ein Kind Rückschläge und Blamagen in der Schule viel besser. Wer in der Fußballmannschaft, dem Orchester oder in der Theatergruppe gebraucht wird, wird nicht verspottet. Deshalb unterstützen Sie die Eltern, wenn es um Hobbys geht. Vielleicht bedeutet das gelegentlich, dass Hausaufgaben nicht ganz fertig werden, aber LRS-Schüler benötigen meistens viel mehr Zeit dafür als ihre Klassenkameraden und sollten nicht zusätzlich bestraft werden, indem sie deshalb auf das verzichten müssen, das ihnen Spaß und Anerkennung bringt. Denn mangelndes Selbstbewusstsein kann zu Reaktionen und Verhaltensauffälligkeiten führen, die viel schlimmer sind als Fünfen im Diktat.

© AOL-Verlag

3. LRS-Schüler im Regelunterricht

In diesem Kapitel erfahren Sie

- wodurch LRS-Schüler im Unterricht unterstützt werden können,
- welche Vereinbarungen mit den Eltern LRS-Schüler bei den Hausaufgaben entlasten,
- wie LRS-Schüler bei Tests und Klassenarbeiten zeigen können, dass sie gut gelernt haben,
- wie Berichtigungen Lernerfolg bringen und motivieren,
- wie Absprachen Mut machen und
- was bei Elterngesprächen beachtet werden sollte.

Fast jede Lehrkraft unterrichtet LRS-Schüler und Klassenlehrer sind natürlich zusätzlich gefragt, wenn es darum geht, wie diese Kinder im normalen Unterricht berücksichtigt, integriert und gefördert werden können.

3.1. Sitzplatz

Ein geeigneter Sitzplatz sollte so gewählt werden, dass das Kind gut sieht und hört, also frontal zur Tafel und möglichst vorn. Besonders das Abschreiben von der Tafel bereitet einem Kind mit LRS oft Schwierigkeiten. Es ist gut, wenn es dazu den Kopf nur heben und nicht zusätzlich drehen muss. Falls es mit dem Hören Probleme gibt, empfiehlt sich ein Platz an der Wand, um zumindest von einer Seite die Störgeräusche abzuschirmen. Wer sich leicht ablenken lässt, darf nicht am Fenster sitzen, konzentriert sich aber möglicherweise hinten besser als vorn, da er sich nicht umdrehen muss, um alles im Blick zu behalten.
Sehr kleine Schüler sitzen erhöht auf einem Sitzkissen gut. Sonst können sie kaum über die Tischkante gucken, die Schrift ist schlecht und das Geschriebene kann nicht kontrolliert werden.

© AOL-Verlag

Vor allem soll jedes Kind sich in seiner Klasse wohlfühlen. Wenn es möglich ist, lassen Sie einen LRS-Schüler neben einem Freund sitzen und nicht als isolierten Problemfall.

3.2. Bewegung

Fördern Sie die Aufnahmebereitschaft und Konzentration aller Schüler mit Überkreuzübungen[25] oder anderen Bewegungseinheiten zu Unterrichtsbeginn oder in kurzen Pausen.

Beispiel:
Ein Arm und das gegenüberliegende Bein werden gleichzeitig bewegt:

- linker Ellenbogen berührt rechtes Knie – rechter Ellenbogen berührt linkes Knie – linker Ellenbogen berührt rechtes Knie – ...
- linke Hand berührt rechten Fuß – rechte Hand berührt linken Fuß – linke Hand berührt rechten Fuß – ...
- linker Arm und rechtes Bein werden nach außen gestreckt – rechter Arm und linkes Bein werden nach außen gestreckt – ...

Bewegungen auf einem Sitzkissen sind weniger störend und außerdem gesünder als das Kippeln mit einem Stuhl. Bei einigen Kindern, nicht nur mit LRS, wirkt diese Umstellung Wunder.
Wer unruhige Hände hat, ist mit einem Knet- oder Igelball, den er allerdings immer festhalten muss, also nicht rollen oder werfen darf, gut bedient. Alles andere, wie z. B. eine Plastikfigur, erfüllt den gleichen Zweck. So kann man weder mit Kugelschreibern klicken noch Radiergummis zerbröseln. Das darf allerdings nicht dazu führen, dass die volle Aufmerksamkeit, schlimmstenfalls sogar der Nachbarn, darauf gerichtet ist.

© AOL-Verlag

25 Vgl. „Weiterführendes zu Bewegung“ (Kapitel 3.2.) im Anhang.

3.3. Heftführung

Nehmen Sie bei der Heftführung Rücksicht. Es geht nicht darum, dass jemand einen Freischein für ungenaues Arbeiten bekommen soll. Ein Kind, das ohnehin sehr lange Zeit für alle Aufgaben braucht, kann aber nicht zu Hause auch noch alle geschmierten Mitschriften aus dem Unterricht sauber übertragen. Wie ein Heft geführt werden muss, hängt natürlich auch vom Fach ab. Denkbar als Erleichterung sind Mappen oder Ringbücher, sodass einzelne Seiten problemlos ausgetauscht werden können, wenn sie zu schlimm geraten sind. Vielleicht darf der Text auch auf dem Computer geschrieben und ausgedruckt werden. Wer das Zehnfingersystem beherrscht, schafft das für ein paar Projekte selbst, sonst sind hilfsbereite Eltern gefragt, die nach Diktat tippen. Zur Regel darf es aber nicht werden, grundsätzlich alles doppelt schreiben zu müssen.
Große Hefte, besonders auch große Rechenkästchen, helfen, ordentlicher zu schreiben und den Überblick zu behalten. Wer sie nutzt, darf deswegen aber nicht verspottet werden.

3.4. Hausaufgaben

Genau wie über die Heftführung können sich Lehrkräfte und Eltern auch zur Regelung anderer Aspekte der Hausaufgaben absprechen. Bei über 30 Schulstunden pro Woche bleibt sonst womöglich vor lauter Hausaufgaben und Nacharbeiten kaum Freizeit, die als Ausgleich so wichtig ist.
Möglich wäre es, auf zeitintensive Fleißaufgaben zu verzichten oder sie zu begrenzen. Je nach Begabung kann das z. B. sein, dass von einem Gedicht nur die erste Strophe gelernt werden muss. Es gibt aber auch LRS-Kinder, die sehr schnell auswendig lernen, für sie ist eine solche Regelung nicht sinnvoll. Schlechte Leser profitieren davon, wenn sie Sachtexte zu Hause vorgelesen bekommen. Literatur ist meist auch als Hörbuch erhältlich. So konzentrieren sie sich auf den Inhalt und nicht auf das Aneinanderreihen von Buchstaben. Einzelne Abschnitte soll der Schüler natürlich trotzdem selbst lesen. Es

Eine Leseschwäche darf nicht daran hindern, sich am Unterricht zu beteiligen.

© AOL-Verlag

ist jedoch wichtig, dass er sich am Unterricht beteiligen kann; daran darf ihn seine Leseschwäche nicht hindern.
Hier sind verständnisvolle Eltern sehr hilfreich, denn sie können die Mühen ihrer Kinder zu Hause am besten beurteilen. Ihre Unterschrift sollte genügen, damit Hausaufgaben als „erledigt“ anerkannt werden.

3.5. Tests und Klassenarbeiten

LRS-Schüler benötigen meistens mehr Zeit zum Lernen als ihre Klassenkameraden. Haben sie besondere Schwierigkeiten beim Lesen, brauchen sie auch sehr viel länger, um Fragen zu lesen, Problemstellungen zu erfassen, Informationen aus Texten zu entnehmen und zu verarbeiten, bis sie sich überhaupt mit der Lösung beschäftigen können. Auch für das Aufschreiben der Ergebnisse brauchen sie normalerweise mehr Zeit.[26] Daher ist die Empfehlung, Schülern mit LRS in Klassenarbeiten und Tests zusätzlich Zeit einzuräumen, sinnvoll.

LRS-Schüler haben die Sorge, viele Fehler zu machen, etwas zu vergessen oder nicht fertig zu werden.

Wie alle anderen Kinder würden sie gern zeigen, dass sie fleißig waren und etwas gelernt haben. Zu dem Wissen, viele Fehler zu machen, und der Angst, sich zu blamieren, kommt die Sorge, etwas zu vergessen oder nicht fertig zu werden. Die Eltern befürchten (berechtigterweise) eher, dass ihr Kind die Aufgabenstellung falsch versteht.
Typische Aussagen nach Arbeiten hören sich so an:
„Eigentlich konnte ich alles, aber irgendwie konnte ich mich dann an nichts erinnern.“ „Eigentlich konnte ich alles, aber die Fragen waren so komisch.“ Oder: „Heute war es richtig gut, ich war als Erster fertig.“ „Ich habe alles gewusst.“
Leider erfreuen auch die beiden letzten Aussagen erfahrene Eltern nicht. Da wurde offensichtlich etwas falsch verstanden, sonst wäre ihr Kind nicht das schnellste gewesen. Und „alles gewusst“ heißt noch lange nicht, „die Fragen richtig beantwortet“.

© AOL-Verlag

26 Vgl. Was tun bei Legasthenie in der Sekundarstufe?, S. 280.

3.5.1. Aufgabenstellung

Ein Beispiel: Abc-Test

Schreibe die gesuchten Buchstaben in die Kästchen:

Nachfolger von Q	☐
Vorgänger von F	☐
Nachfolger von H	☐
Vorgänger von W	☐
Vorgänger von B	☐
Nachfolger von K	☐
Nachfolger von J	☐

Schreibe die Buchstaben aus den Kästchen von unten nach oben auf.
Das Lösungswort heißt:

___ ___ ___ ___ ___ ___ ___

Was man da alles falsch machen kann, obwohl man alles weiß, nämlich das Abc kennt:

1. Nachfolger und Vorgänger verwechseln: I J C X G G P
2. Nicht beachten (lesen), dass die Buchstaben von unten nach oben gelesen das Lösungswort ergeben: REIVALK
3. Beides: PGGXCJI

Natürlich bekäme ein Schüler für diesen Test, wenn er benotet würde, in allen drei Fällen eine Sechs. Nur: Es bedeutet nicht, dass der Schüler das Abc nicht kann. Deswegen ist er ja auch so verzweifelt. Wie soll er beweisen, dass er etwas kann, wenn er in den Tests und Arbeiten immer nur schlechte Zensuren bekommt? Hier ist das System gut zu erkennen, daher könnte man immerhin noch nachvollziehen, was das Kind sich gedacht hat.

Ein schlechter Test bedeutet nicht unbedingt, dass ein Schüler etwas nicht kann.

Oft überfordern LRS-Schüler aber selbst die toleranteste Lehrkraft, die beim besten Willen keinen Zusammenhang zwischen Frage und Antwort erkennen kann.

Oft lässt sich kein Zusammenhang zwischen Frage und Antwort erkennen.

© AOL-Verlag

Beobachten und notfalls stoppen

Die allerbeste Hilfe ist: Schauen Sie einem solchen Schüler ab und zu über die Schulter. Wenn Sie erkennen, dass er die Frage richtig bearbeitet, auch wenn er vielleicht Fehler dabei macht, ist alles gut. Wenn ein LRS-Schüler allerdings scheinbar ohne Sinn und Verstand eine Aufgabe bearbeitet, heißt das nicht, dass er keinen Verstand hat, sondern eher, dass das, was er gerade tut, keinen Sinn ergibt. Stoppen Sie ihn! Lassen Sie ihn die Aufgabenstellung nochmals lesen. Wenn Sie kein „Ach so!"-Leuchten in seinen Augen erkennen, geben Sie ihm Hinweise. Das ist ein wertvoller Nachteilsausgleich. Im Laufe der Zeit wird dieser Schüler mit immer mehr Selbstvertrauen und Sicherheit die Aufgaben verstehen und bearbeiten. Sie können ihm dabei beruhigt über die Schulter gucken.

Natürlich gehört zum Lernen und Leistungenerbringen auch das Verstehen der Aufgaben. Je häufiger aber ein Kind daran scheitert, Leistungen zu zeigen, wenn es etwas eigentlich kann, desto frustrierter und unsicherer wird es. Schüler mögen es im Allgemeinen nicht, wenn man ihnen über die Schulter schaut. Besprechen Sie mit dem Betreffenden, warum Sie das tun wollen. Wenn er merkt, dass Sie daran glauben, dass er etwas kann, und ihm helfen wollen, es zu zeigen, wird er sich nicht dagegen wehren.

Übersichtliche Arbeitsanweisungen

Alles, was Chaos im Kopf auslösen kann, sollte so gut wie möglich vermieden werden. Gut sind daher kurze, klare und übersichtliche Arbeitsanweisungen, groß und maschinengeschrieben.

Lücken, die wesentlich größer oder kleiner sind als das, was eingesetzt werden soll, verunsichern oft so sehr, dass dem LRS-Schüler auch die einfachsten Dinge nicht mehr einfallen: „Das passt nicht rein – das kann nicht stimmen."

Gerade in Mathematik kommt es oft vor, dass in einer Aufgabe viele Teilaufgaben gefordert werden. Eine Gliederung in Unterpunkte, die jeweils nur einen Aspekt enthalten, ermöglicht es den Schülern, Erledigtes abzuhaken, ohne etwas zu übersehen. Vergewissern Sie sich trotzdem, dass Ihre LRS-Schüler das tun, was sie sollen.

> Vergewissern Sie sich, dass Ihre LRS-Schüler das tun, was sie sollen.

© AOL-Verlag

Arbeitsanweisungen besprechen

Unbekannte Wörter, besonders (aber nicht nur) in Fremdsprachen, führen leicht zu totalen Blockaden.

Ein Schüler, der die Grammatik für die Klassenarbeit sehr gut gelernt hatte, saß verzweifelt davor und tat gar nichts. In der Anweisung stand „Fill in ‚the' where necessary." „Necessary" hatte er noch nie gehört (oder wusste es nicht mehr). So blieb der Füller geschlossen, weil ein leidgewohntes LRS-Kind eben nicht auf die Idee kommt zu fragen.

Daher sind deutsche Aufgabenstellungen oder das Besprechen der Arbeitsanweisungen hilfreich. Bedenken Sie, dass die meisten LRS-Schüler nicht fragen würden, wenn sie etwas nicht verstehen. Entweder verstehen sie es richtig, anders oder nicht. In den ersten beiden Fällen kämen sie nicht auf die Idee, nachzufragen, denn sie wissen ja Bescheid. Im letzten Fall trauen sie sich nicht, weil sie ja sowieso diejenigen sind, „die nie etwas kapieren".

Gerade im Grammatikteil bei Fremdsprachen sind Beispielsätze gut geeignet, um den Schülern Sicherheit zu geben, dass die Aufgabe richtig verstanden wurde. Sie können dann ohne Angst ihr Wissen präsentieren. Gelernt haben müssen sie ja trotzdem.

Übungsarbeit

Formulieren Sie die Aufgaben genauso und in der gleichen Reihenfolge wie in einer vorangehenden Übungsarbeit. Das motiviert dazu, wirklich gut zu lernen, weil man weiß, was man lernen soll, und dass man das Gelernte auch wiedergeben kann. Informieren Sie Ihre Schüler deutlich darüber, die LRS-Kinder und deren Eltern noch einmal extra, sonst kehrt leider schnell die übliche Panik bei Klassenarbeiten ein, bei der nicht alles genau gelesen und verstanden wird.

Diese Art, Aufgaben bei Tests und Klassenarbeiten zu stellen, kommt auch den Klassenkameraden zugute. Alle werden gleich behandelt, aber so haben auch die LRS-Schüler eine recht gute Chance, ihr Können zu zeigen.

3.5.2. Vokabeltests

Wenn ein Kind nicht beweisen kann, dass es gelernt hat, wird es bald gar nicht mehr lernen wollen. Leider passiert das oft bei Vokabeltests. Wer zu lange braucht, um das Gelernte aufzuschreiben, verpasst die folgenden

© AOL-Verlag

Vokabeln, gerät in Panik und erhält, trotz seines Wissens, eine Fünf oder Sechs. Wenn man nichts lernt, bekommt man auch eine Sechs, hat allerdings mehr Freizeit.
Das Wichtigste im Fremdsprachenunterricht sind aber die Vokabeln.
Einige LRS-Schüler haben mit der Rechtschreibung in Fremdsprachen überhaupt keine Probleme, wenn sie die englischen, französischen, spanischen oder lateinischen Wörter von Anfang an exakt lernen. Hier gibt es ja noch keine (also auch keine falschen) Regeln, auf die sie zurückgreifen könnten. Achten Sie also auf das Vokabellernen.
Im Klassenverband wären Vokabeltests ideal, bei denen die deutschen Wörter schriftlich vorgegeben sind und genügend Zeit zum Überlegen bleibt. Wenn ein Kind die Vokabeln sicher kann und nicht zu schüchtern ist, wird es auch beim mündlichen Abfragen seine Pluspunkte bekommen können.

3.5.3. Zeit

Viele LRS-Schüler haben Schwierigkeiten damit, die Zeit richtig einzuschätzen. Sollten Sie solche Kinder in der Klasse haben, helfen Sie ihnen sehr damit, wenn Sie Zeitangaben zu einzelnen Teilaufgaben schreiben. Allerdings muss klar sein, dass diese nur ungefähr wiedergeben, wie viele Minuten man für die jeweilige Aufgabe benötigt. Sonst kann, wie so leicht bei diesen Kindern, die Verwirrung zur totalen Blockade führen. „Habe ich etwas falsch gemacht? Ich bin viel schneller fertig," oder: „Ich muss aufhören, die Zeit für diese Aufgabe ist um."
Manchmal ist es besser, dem Kind wieder einmal einfach über die Schulter zu gucken und zu sagen, dass es sich ruhig Zeit lassen kann (wenn es zu hektisch ist) oder dass es sich ein bisschen beeilen muss.
Als Nachteilsausgleich wird häufig mehr Zeit bei Klassenarbeiten gewährt. Das kann natürlich zu Problemen führen, wenn auch andere Schüler nicht fertig werden, die LRS-Kinder aber in Ruhe alle Aufgaben bearbeiten dürfen. Daher muss man manchmal abwägen, ob eine Sonderbehandlung mehr Vor- oder Nachteile bringt. Das hängt auch von den Bedürfnissen des Kindes und der Situation in der Klassengemeinschaft ab.
Besonders bei Diktaten und Aufsätzen sollten LRS-Schüler aber Zeit zum Korrekturlesen bekommen. Das kann auch in einer anderen Stunde sein. Sie bevorzugen zwar meistens die Ausrede: „Ich hatte keine Zeit", müssen aber lernen, in Ruhe ihre Texte zu lesen und so Fehler zu vermeiden. Hier ist

© AOL-Verlag

wirklich ein Lob angebracht, wenn ein solcher Schüler, egal ob mit oder ohne Wörterbuch, überprüft und korrigiert. Wenn das mit einem andersfarbigen Stift gemacht wird, kann man das Resultat (vorher – nachher) gut erkennen. Normalerweise will ein LRS-Kind nicht mehr sehen, was es geschrieben hat, und ist dankbar, wenn die Lehrkraft es „zwingt", sein Heft abzugeben. Es lernt aber mehr Rechtschreibung beim Korrigieren als beim Schreiben; das ist zwar lästig, aber lehrreich. Einfacher ist es natürlich, wenn andere die Fehler finden.

3.5.4. Bewertung

Die Rechtschreibfehler werden natürlich angestrichen, auch wenn sie die Gesamtnote nicht beeinflussen. Es ist allerdings viel weniger erschreckend, wenn dafür nicht Rot, sondern Schwarz oder Grün verwendet wird. So sieht der Schüler nicht auf den ersten Blick, dass die Arbeit eigentlich wieder eine Katastrophe ist, sondern konzentriert sich zuerst auf die Beurteilung der anderen Teilbereiche.

Es heißt immer so schön: „Die Beurteilung sollte stets positiv sein." Davon können Sie getrost abweichen, wenn ein Schüler offensichtlich nicht das gelernt hat, was er hätte lernen sollen und können. Ein Freifahrtschein für Faulheit darf LRS niemals sein.

„Nicht gelernt" oder „falsch verstanden"?

Den Unterschied zwischen „nicht gelernt" und „falsch verstanden" erkennt man leider nicht unbedingt auf den ersten Blick, wie dieses Beispiel aus einer Englischarbeit zeigt:

Vorheriger Lernstoff waren die unregelmäßigen Verben und das simple past.

Aufgabe:

„Write what you used to do when you were in form 3. Use: play, meet friends, read, write, drive, swim." (Den Schülern war „form 3" als 3. Klasse der secondary school bekannt.)

Schüler sieht:

3, Form, play, meet, read, write, drive, swim

© AOL-Verlag

Schüler denkt:
Aha, dritte Form, kann ich! Die unregelmäßigen Verben habe ich gut gelernt, zum Glück!
Schüler schreibt:
„played, met friends, read, written, driven, swum."
Schüler denkt:
Fertig, war ja einfach! Ich habe alles gekonnt. Wird bestimmt eine gute Note.
Lehrkraft schreibt unter die Aufgabe: „6! Du solltest ganze Sätze schreiben, z. B.: Every Monday I played football. I read a book about Australia ..."
Die Mutter sagt: „Wir haben doch so geübt und du konntest es doch alles. Ich verstehe nicht, warum du es nicht so aufgeschrieben hast wie beim Üben."

Die Eltern verstehen ihr Kind nicht. Das Kind versteht nicht, was jetzt wieder falsch war und traut sich erst recht nicht mehr, das zu schreiben oder zu sagen, was es für richtig hält. Die Lehrkraft hat nur das Ergebnis gesehen. Woher soll sie wissen, wie es dazu kam?
Nutzen Sie Ihren pädagogischen Ermessensspielraum: „Im Zweifel für den Angeklagten". Irgendetwas Ermutigendes findet sich eigentlich immer. Damit helfen Sie den LRS-Schülern, trotz großer Mühen und zahlreicher Misserfolge weiterzuarbeiten.

3.5.5. Berichtigung

Gerade für die Berichtigung von Klassenarbeiten lohnt es sich, individuelle Absprachen mit den Schülern und Eltern zu treffen. Bei Aufsätzen mit mehr als 50 Fehlern führt die Abneigung gegen die Berichtigung sonst bald dazu, dass die Texte sehr kurz werden. Eine Berichtigung, aus der ein Kind lernt, aber an der es nicht verzweifeln muss, könnte so aussehen wie in diesem Beispiel:

1. *Nomen werden großgeschrieben:*
   er hatte Angst
   du hast Glück gehabt
   nach langem Überlegen
   sah er mit Erstaunen
   ihr Suchen und Fragen

© AOL-Verlag

2. *Alle Wörter außer Nomen (und Satzanfänge) werden kleingeschrieben:*
   sie fand niemanden, ein zufriedener Mensch
3. *Nach einem kurzen Vokal folgen mindestens zwei Konsonanten (Konsonantenverdoppelung):*
   schnell, bestellte, Vollmacht, rennt, Sonne
4. *Nach einem langen Vokal folgt höchstens ein (gehörter) Konsonant:*
   Klage, Hof
5. *Stummes h:*
   Bahn, lahm, prahlte, zahnlos
6. *Die Konjunktion „dass“:*
   Zum ersten Mal sahen sie, dass er zufrieden war.
   Vermutlich lag es daran, dass er wieder gewonnen hatte.
7. *Anderes:*
   Widerwille, Gesandter, nämlich

3.6. Absprachen

Angst vor Blamage

Schlimm ist für Kinder mit LRS die Angst vor einer Blamage. Sprechen Sie mit dem Schüler und seinen Eltern darüber, wie Vorlesen, Schreiben an die Tafel u. Ä. geregelt werden können, damit er weiß, dass er keine Angst haben muss. Lehrkraft und Schüler können beispielsweise vereinbaren, dass der Schüler niemals an die Tafel zu schreiben braucht, wenn er sich nicht meldet. Dazu gehört aber, dass er sich immer wieder so gut vorbereitet, dass er sich freiwillig meldet.

Lehrkraft und Schüler können auch absprechen, welcher Abschnitt in der nächsten Unterrichtstunde vorgelesen werden soll. Das Kind kann dann in Ruhe zu Hause, eventuell mit vergrößerter Kopie und Markierungen, das Lesen genau dieses Textes üben. Wenn es sich darauf verlassen kann, wirklich mit diesem Abschnitt dranzukommen, muss es keine Angst haben und keine Vermeidungstaktik anwenden. Trotzdem wird es nicht (wesentlich) anders behandelt als die Klassenkameraden. Oft helfen auch ein Lesepfeil oder eine Lesefolie.

© AOL-Verlag

Wenn die Lehrkraft darum bittet, ein solches Hilfsmittel zu nutzen, bedeutet das auch, dass die Mitschüler sich darüber nicht lustig machen dürfen.

3.7. Eltern

LRS-Schüler gibt es beinahe in jeder Klasse. Damit werden an jeder Schule so viele LRS-Schüler unterrichtet, dass es sinnvoll sein kann, einmal im Jahr einen allgemeinen LRS-Informationsabend durchzuführen. Hier können Lehrkräfte und Eltern zum Thema allgemein und zum Umgang mit LRS-Schülern an ihrer Schule gemeinsam informiert werden.

> Wenn Lehrkräfte und Eltern dasselbe Ziel haben, profitieren die Kinder besonders davon.

Viele Eltern empfinden es als hilfreich, sich mit anderen Betroffenen auszutauschen. Je besser die Eltern informiert sind, desto besser ergänzen sie die Fördermaßnahmen, die die Schule bietet. Wenn Lehrkräfte und Eltern dasselbe Ziel haben, profitieren die Kinder besonders davon.

3.7.1. Elterngespräche

Laden Sie die Eltern Ihrer LRS-Schüler mindestens einmal pro Halbjahr zu einem Gespräch ein. Sicher wird das erste Gespräch, im Idealfall einige Wochen nach der Besprechung der Testergebnisse (also nachdem die Eltern sich ein bisschen informieren konnten), am ausführlichsten sein. Alle weiteren Gespräche können im Rahmen von Elternsprechtagen stattfinden, wenn keine größeren Probleme auftreten. Vergessen Sie dabei nicht die Eltern von Kindern, die schon in der Grundschule getestet wurden.
Als Klassen- oder Deutschlehrer können Sie die folgende Liste je nach Fall verändern. Aber auch für alle anderen Fächer finden Sie hier Anregungen für konstruktive Elterngespräche. Die Eltern werden wahrscheinlich zusätzlich mit Fragen und Wünschen an Sie herantreten.

© AOL-Verlag

Sitzplatz

- ❑ gut sehen (frontal zur Tafel, vorn)
- ❑ gut hören (vorn, eventuell an der Wand)
- ❑ wohlfühlen (neben Freunden, eventuell hinten)

- ❑ Absprachen (Vorlesen, Tafel, Abfragen)
- ❑ Vokabeln (mündlich, langsam)

Heftführung

- ❑ Mappe, Ringbuch, großes Heft
- ❑ computergeschrieben

Hausaufgaben

- ❑ Information der Eltern
- ❑ Absprache mit Eltern (Hilfen, Erleichterungen)

Klassenarbeit

- ❑ beobachten, ob Aufgaben richtig verstanden werden, notfalls stoppen
- ❑ Aufgaben vorlesen/besprechen
- ❑ Aufgaben kurz und übersichtlich (Teilaufgaben)
- ❑ große Schrift, große Lücken
- ❑ Beispiele
- ❑ Aufbau wie Übungsarbeit (Wortlaut, Reihenfolge)
- ❑ zusätzliche Zeit
- ❑ Hilfe bei Zeiteinteilung
- ❑ Korrektur der Rechtschreibfehler in Schwarz oder Grün
- ❑ Beurteilung motivierend
- ❑ Berichtigung individuell

Kollegen

- ❑ Sind andere Fächer betroffen?
- ❑ Sind alle Kollegen informiert?
- ❑ Welche Kollegen sollen Sie speziell ansprechen?

© AOL-Verlag

Grundsätzlich sollten alle Lehrkräfte wissen, welche Schüler spezielle Probleme, wie beispielsweise LRS, haben. Der Austausch untereinander hilft herauszufinden, wie ein Schüler in seinem Umfeld am besten unterstützt werden kann. Vielleicht möchten Eltern trotzdem auch einige Fachlehrer ihres Kindes aufsuchen.

Wichtig ist es natürlich, dass auch zu Hause auf die Probleme des Kindes eingegangen wird. Dazu gibt es viele Anregungen in dem Buch „Intelligente LRS-Schüler – Ratgeber für Eltern", welches ebenfalls im AOL-Verlag erschienen ist. Sie beziehen sich unter anderem auf Tages- und Wochenplanung, Bewegung, Ernährung, Ordnung, Arbeitsplatz, Hausaufgaben, Lerntipps, Software und Spiele.
Es gehört zwar zu den Aufgaben der Schule, unter anderem über

- Erscheinungsformen der Schwierigkeiten,
- Möglichkeiten, die Schwierigkeiten zu überwinden,
- besondere Lernmittel,
- häusliche Unterstützungsmöglichkeiten,
- geeignete Fördermaterialien sowie
- Motivationshilfen

zu informieren, aber so detailliert, wie es in diesem Buch beschrieben wird, müssen Sie sich als Lehrkraft nicht in die häuslichen Unterstützungsmöglichkeiten einarbeiten.
Wichtig sind vor allem die Absprachen bezüglich der Hausaufgaben und Berichtigungen sowie die Zusammenarbeit bei der Rechtschreibförderung. Diese wird in Teil 2 „Förderunterricht für intelligente LRS-Schüler" ausführlich vorgestellt.

3.7.2. Gemeinsam zum Ziel

Wenn Eltern, Lehrkraft und möglichst auch Schüler sich miteinander über Maßnahmen, Verhalten, Hilfen und Ziele einigen, sollte das in einem Protokoll festgehalten werden. Das kann in Form einer Tabelle geschehen, die jeweils mit dem aktuellen Datum versehen und ergänzt wird. So erhält man gute Vergleiche. Besonders Schüler fühlen sich verpflichtet, ihren Teil des Vertrages zu erfüllen.

© AOL-Verlag

Beispiel:

Schüler:	**Datum:**	
Schüler	**Mutter/Vater**	**Lehrkraft**
liest täglich zehn Minuten, egal was	liest Biologietexte vor	sorgt für guten Sitzplatz
bemüht sich, sauber zu schreiben	kauft neuen Füller	korrigiert mit schwarzem Stift
macht vor den Hausaufgaben fünf Minuten Überkreuzbewegungen oder andere Übungen		gibt Zeit zum Korrigieren der Arbeiten
heftet täglich alle Zettel ordentlich ab	kauft und beschriftet Schnellhefter oder Ringbücher	erlaubt Mappe statt Heft
Unterschriften:		

In jedem Fach schaffen Sie so gute Rahmenbedingungen für den Unterricht, die es einem LRS-Schüler ermöglichen, seine Stärken zu nutzen und trotz seiner Defizite einigermaßen selbstbewusst, in dem Vertrauen auf Unterstützung, den Schulalltag zu meistern.

Gegen seine Rechtschreibschwierigkeiten hilft aber nur eines: Er muss die Rechtschreibung von Grund auf erlernen.

© AOL-Verlag

4. Rechtschreibung von Grund auf verstehen

In diesem Kapitel erfahren Sie

- warum LRS-Schüler in einem Rechtschreib-Teufelskreis stecken,
- warum einfaches Üben nicht hilft,
- warum das Verstehen schnelle Erfolge bringt,
- warum LRS-Schüler die Rechtschreibung von Grund auf (z. T. neu) erlernen müssen und
- warum es so wichtig ist, die Denk- und Handlungsweisen der LRS-Schüler beim Fördern zu berücksichtigen.

Intelligente LRS-Schüler fallen wegen ihrer schlechten Rechtschreibung auf. Wer versteht, wie diese Probleme entstehen konnten, erkennt, warum Diktate üben, Wörter ganz oft schreiben, Fehlerschwerpunkte finden und bearbeiten oder ähnliche Maßnahmen immer nur Stückwerk sein können. Was diesen Schülern fehlt, sind die Grundlagen der Rechtschreibung – die sie lernen können.

© AOL-Verlag

4.1. Der Rechtschreib-Teufelskreis

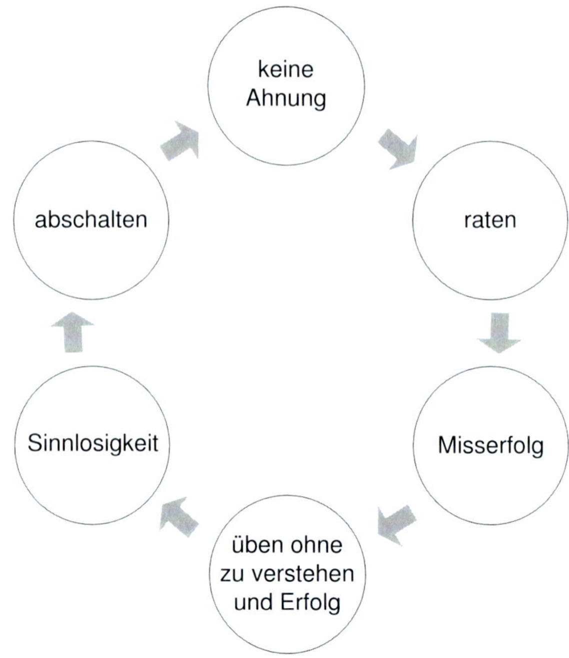

Der Rechtschreib-Teufelskreis

Dieser Kreis scheint wirklich fatal. Wer keine Ahnung hat, worum es geht, oder weiß, dass seine Regeln nicht immer zutreffen, kann bestenfalls raten, wenn eine Lösung von ihm erwartet wird. Hier hat er scheinbar häufig die 50%ige Chance: f oder v? Dehnungs-h oder nicht? i oder ie? Groß oder klein? Konsonantenverdoppelung oder nicht? usw. Aber irgendwie entscheidet er sich beim Raten offensichtlich leider zu oft für die falsche Lösung und erhält die Quittung in Form von schlechten Noten, Rügen, Zusatzaufgaben (= Raten üben), Spott u. a.

Man entscheidet sich beim Raten oft für die falsche Lösung.

Eine meiner Schülerinnen wusste, dass sie immer viele Fehler machte und wenn sie unter die Arbeit „Schrift“ und „Fehler“ schreiben sollte, war ihr klar, dass sie „Fehler“ auch noch falsch schreiben würde. Da gibt es ja auch einige Möglichkeiten: Fela, Fehla, Felar, Feler, Fella, Feller, Felher, Fehller, Vela, Vhela ... Raten ist also offensichtlich sinnlos. Aber irgendetwas muss geschehen.

© AOL-Verlag

Lernhilfebücher, Nachhilfestunden, Übungseinheiten mit den Eltern und zusätzliches Material von den Lehrkräften werden zur Verfügung gestellt. Alle wollen doch nur helfen. Es wird geübt, was für Kinder in diesem Teufelskreis oft nur bedeutet, dass sie Zeit mit nicht zu verstehenden Dingen vergeuden. Üben, ohne zu verstehen, bringt keinen Erfolg, sondern nur Frust, Ablehnung und Ärger.
Also wird weiter sinnlos geraten oder versucht, dem Ganzen irgendwie auszuweichen. „Ich kapiere im Deutschunterricht gar nichts und es hat auch keinen Sinn zuzuhören, weil ich gar nicht weiß, wovon die reden!“ Das wird von (glücklicherweise nicht allen) LRS-Schülern der Sekundarstufe gesagt oder gedacht, die den Anschluss verloren haben.
Wie konnte es nur so weit kommen? Wer hat Schuld? Das Kind, weil es so intelligent war, eigene Strategien zu entwickeln? Weil es aus eigener Kraft bis hierher gekommen ist, obwohl alles so viel schwerer war als für die Klassenkameraden? Weil es Eigenschaften besitzt, die in jeder Bewerbung vorteilhaft wären, wie intuitive Wahrnehmung, räumliches Denken, Vorstellungsfähigkeit im Formenbereich, Kreativität?
Bis zu den neuen Anforderungen mit vielen verschiedenen Fächern, Zeitdruck und vermehrtem Lesen und Schreiben war alles machbar. Sind die Eltern schuld, weil sie ihr Kind nicht durchschaut haben, oder die Grundschullehrkräfte?
Es ist egal, denn Schadenersatz gibt es nicht und hinterher ist man sowieso immer schlauer.

Ein solcher Schüler hat vielleicht früher schon gesagt,
- dass Deutsch doof ist,
- dass er seinen Deutschlehrer nicht mag,
- dass er Lesen langweilig findet,
- dass er keine Lust hat, blöde Geschichten zu schreiben,
- dass ihn Rechtschreibung nicht interessiert,
- dass er sowieso später einen Computer mit Rechtschreibprogramm benutzen wird,
- oder oder oder ...

Aber seine Noten waren in Ordnung.

© AOL-Verlag

4.2. Der Rechtschreib-Erfolgskreis

Die Aufgabe besteht jetzt darin, diesem Schüler all das beizubringen, was er braucht, um zu verstehen, worum es im Deutschunterricht und besonders bei der Rechtschreibung geht. Dann lohnt sich das Mitmachen wieder und dann wird er richtig gut sein.

Das klingt vielversprechend, für einen Schüler mit Rechtschreibproblemen aber unerreichbar und absolut unattraktiv, denn er denkt: „Rechtschreibung ist nur blöd oder wird zumindest überbewertet.“

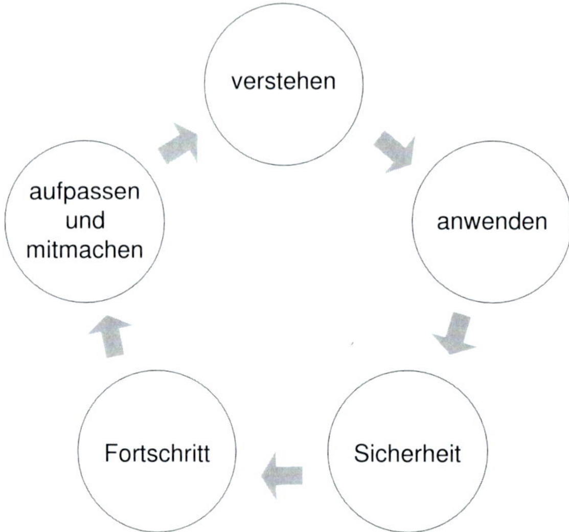

Der Rechtschreib-Erfolgskreis

Wenn man sich den Kreis ansieht, scheint es gar nicht so schlimm zu sein. Wer versteht und das Verstandene anwendet, bekommt Sicherheit, macht Fortschritte, hat Lust, sich am Unterricht zu beteiligen, und wird immer besser. Wie kommt man aber aus der Sinnlosigkeit des Teufelskreises hierher?

> Etwas verstehen kann ein Schüler nur, wenn er dazu die Voraussetzungen mitbringt.

Beim Verstehen beginnt es.

Etwas verstehen kann ein Schüler aber nur, wenn er dazu die Voraussetzungen mitbringt. Er muss also ganz von vorn anfangen. Welche Buchstaben gibt es? Können sie alle erkannt und benannt werden? – Vermutlich ja, denn sonst wäre der Schüler nicht so weit gekommen. Erkennt

© AOL-Verlag

er Vokale und Konsonanten? All das ist Stoff der ersten beiden Klassen und wird von Fünftklässlern in ein bis zwei Stunden meist problemlos wiederholt. Wer hier aber stockt, muss so viele verschiedene Erklärungen erhalten, bis er wirklich alles kann. Er muss nicht so oft üben, bis er es kann, sondern zuhören, mitmachen, Fragen stellen und Antworten bedenken, bis eine der Erklärungen das ehrliche „Jetzt habe ich es kapiert!" auslöst.
So geht es im Prinzip weiter. Die Vorstellung, den Rechtschreibstoff der ersten vier bis sechs Schuljahre würde ein Kind erst in vielen Jahren nachholen können, weil es ja den aktuellen auch noch lernen muss, ist nicht ganz richtig; zum einen, weil es das Aktuelle sowieso oft nicht versteht, es daher (in diesem speziellen Fall) zurzeit zweitrangig ist, und zum anderen hat ein Gymnasiast oder Realschüler natürlich eine viel bessere Auffassungsgabe als ein Grundschüler.

Vorsicht: Gleichzeitiges Lernen nach unterschiedlichen Methoden blockiert den Fortschritt.

Jede Strategie, die von der zur Förderung verwendeten abweicht, führt bei LRS-Schülern leicht dazu, dass sie wieder falsche Annahmen hervorbringt, weil die Schüler versuchen, alles miteinander zu verknüpfen oder meinen, das Gelernte nur in der jeweiligen Umgebung nutzen zu dürfen. So wird bei gleichzeitigem Lernen nach unterschiedlichen Methoden der Fortschritt eher blockiert.[27] Weisen Sie auch die Eltern darauf hin.

4.3. Verstehen statt üben

Bei einer konsequenten Rechtschreibförderung geht es darum,
1. den Stoff wirklich von Anfang an zu vermitteln und
2. jeden einzelnen Schritt so lange zu bearbeiten, bis er wirklich verstanden ist.

Dabei entscheidet nicht die Zeit, sondern die Methode. Kinder, die merken, dass ihnen geholfen werden kann, nehmen ein solches Angebot im Allgemeinen gern an. Wer die Erklärung auf die eine Weise nicht versteht, braucht eine andere. Denken Sie an die Farbenblinden.

Wer eine Erklärung auf eine Weise nicht versteht, braucht eine andere.

27 Vgl. Was tun bei Legasthenie in der Sekundarstufe?, S. 214.

© AOL-Verlag

Die Herausforderung liegt also nicht beim Schüler (üben, üben, üben), sondern beim Erklärenden.
Manchmal ist viel Fantasie gefordert, um das zu gewährleisten. Es geht immer um das Verstehen, denn Rechtschreibregeln können verstanden werden. Auch von LRS-Schülern.
Erklärt wurde das meiste sicher schon früher, nur nicht immer nachvollziehbar für jeden. Schon gar nicht für jemanden, der sein Gehirn auf „off" gestellt hatte, weil er sowieso nichts mehr begriff.
Mit dem Verstehen kommt die Sicherheit. Wer die Regeln (kurz und übersichtlich) kennt, kann sicher sein, dass er vieles richtig schreibt. Das Raten hat ein Ende und damit auch der Misserfolg und die Sinnlosigkeit. Wenn ein Schüler merkt, dass er sicher ist („Ich verwette eine Tüte Gummibärchen, dass man ‚rodeln' ohne h schreibt, weil ein stummes Dehnungs-h niemals vor einem anderen Buchstaben als l, m, n oder r steht."), traut er sich immer mehr zu.
Es ermutigt Schüler weiterzulernen, wenn sie erkennen, dass ihnen alles gelingt, was sie verstanden haben. Wenn die Berichtigung, wie oben beschrieben, Fehlerschwerpunkte zeigt, erkennt ein LRS-Schüler deutlich, dass er nicht unfähig ist, richtig zu schreiben, sondern nur falsch dabei vorgegangen war. So lohnt sich das Weitermachen. Natürlich fehlt noch die Routine. Die Klassenkameraden schreiben schließlich schon seit Jahren bewusst oder unbewusst nach Regeln.
Manchmal kommt auch noch ein entscheidender Entwicklungsschritt hinzu. Mit etwa 13 bis 15 Jahren begreifen Schüler, dass sie für sich selbst verantwortlich sind. Wenn sie die Regeln kennen und wirklich verstanden haben, können sie sie auch immer anwenden. Wenn sie es nicht tun, ist das ihre Entscheidung. Oft entschließen sie sich nach den Ferien, nach dem Geburtstag oder nach der Konfirmation, möglichst alles richtig zu schreiben. Solange allerdings die Einstellung „Ist mir doch alles egal" vorherrscht, nützen Verstehen und Üben zwar auch, aber erst wenn ein Schüler keine Fehler mehr machen will (oder möglichst wenige), stellt sich ein deutlicher Erfolg ein.
Lob und Ermutigung sind in dieser Phase viel motivierender als Angst vor schlechten Noten. Die Feststellung „Ich war sogar besser als die, die eine Vier bekommen haben," spornt richtig an. Hier ist Notenschutz ein Segen, denn ein LRS-Schüler kann sich ungestraft herantasten. Wenn Sie feststel-

© AOL-Verlag

len, dass er wirklich dauerhaft befriedigende Leistungen erbringt, besprechen Sie mit den Eltern, wie Sie weiter vorgehen. Den Notenschutz plötzlich zu beenden, birgt die Gefahr, dass die Angst vor Misserfolg wiederkommt und die gerade wachsende Sicherheit verdrängt.
Häufig hat ein Kind mit LRS im Laufe seiner Schullaufbahn nicht nur Strategien entwickelt, um die Lese- und/oder Rechtschreibschwierigkeiten zu kompensieren, sondern ist verhaltensauffällig geworden. Nun ist neben dem Weg aus dem Rechtschreib-Teufelskreis auch noch der aus dem bekannten Muster als (Mit-)Schüler zu bewältigen. Es bestärkt, wenn verständnisvolle, geduldige Eltern und Lehrkräfte diesen Prozess begleiten. Wer immer nur allein nach seinen Fortschritten sucht und sich selbst motivieren muss, hat es viel schwerer als ein Kind, das gelobt und verstanden wird.

4.4. Lernprogramm

LRS-Schüler sind manchmal zu genial, um sich an Vorschriften zu halten. Sie haben eigene Strategien entwickelt und stehen sich damit gelegentlich selbst im Weg.

Intelligente, spät erkannte LRS-Schüler sind genial, manchmal zu genial, um sich an (von ihnen als langweilig erachtete) Vorschriften zu halten. Sie haben im Laufe ihrer Schulzeit viele eigene Strategien entwickelt und stehen sich damit gelegentlich selbst im Weg, wenn es um Rechtschreibung geht.
Die Hoffnung, dass sie die Schulzeit ohne diese Plage überstehen, schwindet, aber eigentlich haben sie auch keine Zeit (und vor allem keinen Plan), um aus dieser Misere herauszukommen.
Eltern fragen, wie sie sinnvoll mit ihren LRS-Kindern üben können. Die Antwort: Bitte keine Diktate! Diktate haben für LRS-Kinder keinen positiven Effekt. Zur Unsicherheit über die Schreibweise kommt der Zeitdruck. Bei jedem Wort wird es schlimmer und das Ergebnis ist auch schon bekannt: viele Fehler.
Wenn Eltern konsequent von Grund auf mit ihrem LRS-Kind die Rechtschreibung erarbeiten möchten, empfehlen Sie ihnen das vom AOL-Verlag veröffentlichte Arbeitsheft „Intelligente LRS-Schüler – Lernprogramm“, das genau für diese Kinder entwickelt wurde. Es berücksichtigt alle Eigenheiten dieser genialen Kinder. Es berücksichtigt auch, dass LRS-Schüler der Sekundarstufe nur wenig Zeit zum Üben haben.

© AOL-Verlag

Seit Jahren bewährt sich dieses Lernprogramm im Förderunterricht für LRS-Schüler, besonders am Gymnasium. Es eignet sich für Gruppenunterricht ebenso wie für das Üben zu Hause.
Der Schüler lernt, falsche Regeln aufzugeben und mit wenigen eingängigen Regeln die Schreibweise deutscher Wörter sicher zu beherrschen.
Das Prinzip besteht darin, jeden Schritt so gut zu erklären, dass jeder Schüler ihn versteht. Da die Genialität der Betroffenen bekanntermaßen manchmal zu falschen Schlüssen führt, ist aber eine Kontrolle dessen, was erarbeitet wird, sinnvoll. Wenn Sie mit Geduld, Verständnis und Fantasie LRS-Schüler durch das Lernprogramm begleiten, erleben Sie die Freude, wenn die Kinder merken, dass Rechtschreibung gar nicht so schwer ist und sogar Spaß machen kann, sobald man sie durchschaut.

© AOL-Verlag

Teil 2
Förderunterricht für intelligente LRS-Schüler

Mit dem Buch „Intelligente LRS-Schüler – Lernprogramm“, ebenfalls im AOL-Verlag erschienen, können Schüler ab der 5. Klasse selbstständig arbeiten, um die Rechtschreibung von Grund auf zu erlernen. Entscheidend ist, dass jeder einzelne Abschnitt wirklich verstanden werden muss, bevor der nächste bearbeitet wird. Manchmal handelt es sich um Feststellungen wie „Warum hat mir das vorher keiner gesagt?“ oder „Ach, so einfach ist das!“ Manchmal braucht ein Schüler aber auch verschiedene Erklärungen und Übungen, um einen Schritt wirklich zu begreifen. In diesem Teil erhalten Sie zu jedem Kapitel des Lernprogramms Tipps, Methoden, Spiele, Taktiken und Wortlisten. Damit können Sie einen LRS-Förderunterricht mit dem Lernprogramm ohne zusätzlichen Aufwand wie Materialsuche, Kopieren usw. gut strukturiert durchführen.

© AOL-Verlag

5. Förderunterricht abwechslungsreich und effektiv

In diesem Kapitel erfahren Sie

- welche organisatorischen Rahmenbedingungen für einen effektiven LRS-Förderunterricht nötig sind,
- wie gute Lernvoraussetzungen geschaffen werden,
- wie die besonderen Eigenschaften der LRS-Schüler genutzt werden und
- wie ein abwechslungsreicher Förderunterricht gelingt.

LRS-Förderunterricht macht Freude, weil die vielen Aha-Erlebnisse der Kinder, der (relativ große) Spaß am anderen Unterricht und deutliche Fortschritte alle Beteiligten immer wieder belohnen. Mit dem „Intelligente LRS-Schüler – Lernprogramm" können Sie individuell und ohne großen Aufwand bei der Unterrichtsvorbereitung einem Programm folgen, das allen LRS-Schülern ab der 5. Klasse, sogar Abiturienten und Studenten, gerecht wird. Das Individuelle bezieht sich ausschließlich auf die Intensität und Geschwindigkeit, mit der das Programm bearbeitet wird. Abiturienten benötigen einige Stunden, Fünftklässler mit großen Schwierigkeiten etwa drei Jahre (bei 45 Minuten pro Woche). Die Methoden für die einzelnen Lehreinheiten lassen sich an die jeweilige Gruppe unproblematisch anpassen.

Lernprogramm als Leitfaden

So dient das Lernprogramm als Leitfaden mit Hinweisen auf Spiele, abwechslungsreiches Üben oder Zusatzerklärungen für besonders schwierige Fälle. Sie benötigen für jedes Kind ein Lernprogramm-Heft, in dem es nur im Gruppenunterricht arbeitet. Das Heft kann also in der Schule bleiben. Gemeinsam werden Schwierigkeiten, Lösungsvorschläge, Regeln usw. erarbeitet. Die Schüler wenden daraufhin die gelernten Taktiken und Regeln an, um zu erfahren, dass die Rechtschreibung damit gar nicht schwer ist. Beachten Sie, dass alle Schüler einer Gruppe ein Thema vollständig beherrschen müssen, bevor Sie zum nächsten übergehen. Das

© AOL-Verlag

bedeutet nicht, dass keiner Fehler machen darf, aber das Prinzip muss verstanden sein.
Alles, was Sie zusätzlich benötigen, finden Sie auf den nächsten Seiten. Übungen zur Konzentration, Nutzen der Kreativität, Spiele und Bälle im Unterricht bereichern die Stunden, indem sie unterschiedliche Sinne und Fähigkeiten ansprechen und fördern. Kapitel 6 begleitet Sie ganz konkret durch die einzelnen Abschnitte des Lernprogramms mit allen zusätzlichen Informationen, Übungen und Anregungen.
Eine Rechtschreibförderung für LRS-Schüler lässt sich im Regelunterricht nicht durchführen. Wenn die Förderung zu Hause stattfindet, ist es aber möglich, für die gesamte Klasse immer wieder Einheiten aus dem Lernprogramm im Rechtschreibunterricht zu bearbeiten. Ideal wäre es dabei, wenn diese Übungsphasen sozusagen als Wiederholung für die LRS-Schüler geplant würden. Das ist jedoch nur bei einer sehr guten Zusammenarbeit mit den Eltern möglich.
Ein LRS-Förderunterricht, der an der Schule angeboten wird, ist dem vorzuziehen.

5.1. Voraussetzungen

Um Förderunterricht für LRS-Schüler in der Schule anzubieten, müssen in der Regel viele Kompromisse eingegangen werden. Man geht davon aus, dass ca. 5 %[28] der Kinder und Jugendlichen an einer Lese-Rechtschreib-Störung leiden; somit kann man mit ein bis zwei LRS-Schülern pro Klasse rechnen. In dreizügigen Schulen wäre es bei konsequenter Durchführung des Förderunterrichts ab der 5. Klasse denkbar, pro Klassenstufe einen Kurs einzurichten. Nach spätestens drei Jahren benötigen die Kinder erfahrungsgemäß keine Förderung mehr. So wären durchgehend alle LRS-Schüler der 5., 6. und 7. Klassen im Unterricht.
Da viele LRS-Schüler aber erst viel später auffallen, werden auch immer wieder neue Kurse in den höheren Klassen dazukommen, denn die Schüler können nicht in bestehende aufgenommen werden. Es würde für sie bedeu-

28 Schulte-Körne, Gerd: Diagnostik und Therapie der Lese-Rechtschreib-Störung. The Prevention, Diagnosis, and Treatment of Dyslexia. In: Dtsch Arztebl Int 2010; 107 (41): 718–27; DOI: 10.3238/arztebl.2010.0718.

© AOL-Verlag

ten, dass sie, wie auch im Regelunterricht, ohne wirklich fundierte Grundlagen versuchen würden, irgendwie mitzuhalten.
Aus diesem Grund könnte eine Schule in jedem Schuljahr zusätzlich einen oder zwei Förderkurse für noch später erkannte LRS-Schüler einrichten.

Ideal für einen solchen Förderunterricht sind folgende Voraussetzungen:
1. Gruppen von 3–6 Schülern
2. Schüler mit ähnlichem Entwicklungsstand und Leistungsniveau
3. zweimal wöchentlich 45 Minuten
4. in der Schule
5. im Anschluss an den Unterricht oder in Freistunden
6. zu Zeiten, in denen die Kinder gut aufnahmefähig sind
7. zu Zeiten, in denen die Freizeitgestaltung nicht behindert wird
8. in einem Raum, der dieser Gruppenstärke angepasst ist und Platz für Bewegung bietet

Am Ende sieht es vielleicht so aus:
1. Gruppen von 3–6 Schülern (keine Kompromisse)
2. Schüler einer Klassenstufe (das ist viel besser, als auf Fehlerschwerpunkte oder sonstige Leistungen zu achten, denn sie sollen miteinander und mit Spaß lernen, da stören zu große Altersunterschiede)
3. einmal wöchentlich 45 Minuten (auch so wird gelernt)
4. in der Schule (ideal, da die Kinder nicht noch einmal extra irgendwo hingehen müssen und das Umfeld vertraut ist)
5. im Anschluss an den Unterricht oder nachmittags (Förderstunden am Vormittag sind vom Stundenplan her nicht machbar, ohne die Schüler aus dem Regelunterricht zu nehmen. Das sollte vermieden werden, denn sonst haben sie wieder neue Lücken, die aufgearbeitet werden müssen. Außerdem möchte kein Kind gern ein Sonderfall sein.)
6. Zeiten, zu denen Kinder gut aufnahmefähig sind, gibt es nach dem Regelunterricht eigentlich nicht mehr. Man kann aber den Förderunterricht so gestalten, dass die Kinder mit viel Abwechslung und Bewegung trotzdem gut lernen.
7. Am beliebtesten sind Förderstunden nach der Mittagspause. So können die Schüler nach dem Unterricht vielleicht in der Cafeteria oder Mensa, zumindest aber irgendwo in Ruhe ihr Pausenbrot essen, dann zum För-

© AOL-Verlag

derunterricht gehen und haben anschließend den Nachmittag zur freien Verfügung. Je nachdem, wie viele Schüler gefördert werden und wie viele Lehrkräfte dafür zur Verfügung stehen, wird es schwer, allen gerecht zu werden. Ganztagsschulen haben hier erhebliche Vorteile.

8. Klassenraum, in dem die Tische verschoben werden können (Wichtig ist ein spürbarer Unterschied zwischen normalem Unterricht und LRS-Förderunterricht.)

Im Förderunterricht lernen die Schüler nicht ausschließlich rechtschreiben. Sie lernen, ihre Lernvoraussetzungen zu verbessern, ihre Stärken zu nutzen und ihre Bedenken und Ängste zu überwinden. Weil alle in der Gruppe mehr oder weniger die gleichen Probleme kennen (wie ausgelacht zu werden, Fehler zu machen peinlich finden, ungern vorzulesen, Konzentrationsschwächen u. v. m.), muss sich niemand blöd vorkommen. In diesen Stunden sind alle „gleich" und sie können ohne Ängste, missverstanden zu werden, ansprechen, was sie bewegt, was sie nicht verstehen, was sie denken. Jeder merkt, dass er etwas besonders gut kann und damit den anderen eine Hilfe ist, ebenso wie er einfach zugeben kann, dass er etwas nicht weiß. Fröhliche Gruppen, in denen die Kinder erkennen, dass alle voneinander profitieren und alle gemeinsam vorankommen, bieten die allerbeste Voraussetzung für ein effektives Erarbeiten der Rechtschreibung. In diesen Stunden sind die Schüler oft ganz anders als im normalen Unterricht, weil sie merken, dass weder Verstecken noch Auffallen nötig sind.

5.2. Konzentration

LRS-Schüler können sich nicht (immer) gut konzentrieren. Sie träumen oder haben überschüssige Energie. Ihnen wird gesagt, dass eines ihrer Hauptprobleme die mangelnde Konzentration sei, aber oft wissen sie nicht, was sie darunter verstehen sollen.

5.2.1. Aufmerksamkeit

„Träume nicht!" oder „Störe nicht!", das hören LRS-Schüler wohl sehr oft. Was kann man dagegen tun?

© AOL-Verlag

„Träume nicht!“
„Störe nicht!“

Fast alle Kinder mit LRS – und der meistens damit verbundenen besonderen Vorstellungsgabe – schaffen es mit einer geeigneten Anleitung, zur Ruhe zu kommen und aufmerksam zu werden.
Mit der Aufforderung „Konzentriere dich!“ können aber die wenigsten Kinder etwas anfangen; sie denken dann z. B.:

- Ich soll nur an eine Sache denken.
- Ich soll nur eine Sache machen.
- Ich soll nicht zappeln.

Besprechen Sie mit den Schülern, was Konzentration oder Aufmerksamkeit bedeutet. Wie fühlt es sich an, wenn man konzentriert ist? Wie kann man das erreichen? Oft muss ein Kind sich erst einmal entspannen, bevor es sich auf etwas konzentrieren kann.
Zu den Themen Entspannung und Konzentration gibt es Anleitungen in Büchern, auf CDs oder als Kurs. Finden Sie das Richtige für Ihre Gruppen. Einige Kinder mögen Musik, Traumgeschichten oder Übungen aus den Bereichen Yoga, autogenes Training, Brain-Gym® oder Life Kinetik®, um zur Ruhe zu kommen. Andere bevorzugen Techniken, mit denen sie schnell umschalten können, um aufmerksam zu werden:

- Stopp!: Sobald ein Gedanke aufkommt, der gerade nicht zum Thema gehört, denke ich „Stopp! Daran denke ich erst nach dieser Aufgabe wieder.“
- Gedankenbox: Bevor ich eine Aufgabe beginne, überlege ich kurz, ob ich irgendwelche Gedanken im Kopf habe, die mich ablenken könnten. Ich stelle mir vor, wie ich sie auf Zettel schreibe und in meine Gedankenbox werfe. Wenn ich mit meiner eigentlichen Aufgabe fertig bin, stelle ich mir vor, wie ich meine Zettel aus der Gedankenbox wieder heraushole und sie bearbeite.
- Wegpusten: Ich hole tief Luft und puste dann alles, was mich ärgert oder stört, aus mir heraus. Das mache ich so oft, bis ich alles weggepustet habe (ca. drei- bis sechsmal).
- Loslassen: Ich spanne alle meine Muskeln ganz stark an und lasse sie dann ganz bewusst los. Dabei fühle ich, wie ich ganz entspannt und warm werde.

© AOL-Verlag

- Powerschalter: Ich stelle mir vor, ich könnte mit einem Drehknopf oder Schieberegler bestimmen, wie viel Energie ich gerade zur Verfügung habe. Ich überlege mir, welche Einstellung für die jeweilige Aufgabe sinnvoll ist und betätige in Gedanken den Schalter entsprechend.

Im Unterricht können Sie im Allgemeinen nur kurze Einheiten zur Entspannung und Konzentration einbauen. Wenn Kinder zu Hause oder in Kursen die Möglichkeit haben, für sich geeignete Techniken zu erlernen, ist das sehr hilfreich.
Kinder, die eine Methode für sich entdeckt haben, können oft in wenigen Sekunden aufmerksam werden. Sie nutzen das für Hausaufgaben und besonders für Klassenarbeiten.

5.2.2. Bewegung

Zu den Bereichen Kinesiologie, Brain-Gym®, Life Kinetik® und anderen Möglichkeiten, fit und aufmerksam durch Bewegung zu werden, gibt es viele Bücher mit abwechslungsreichen Übungen.
Die im Kapitel 3.2. beschriebenen Überkreuzbewegungen eignen sich besonders gut zur Einstimmung, wenn eine Förderstunde im Anschluss an den langen Schultag stattfindet.

Ballübung zu zweit

Um zur Ruhe zu kommen und sich spielerisch zu konzentrieren, bieten sich auch Übungen aus der Life Kinetik® an.

Beispiel: Balltanz[29]

1. Im Abstand von ca. fünf Metern stehen sich zwei Übende gegenüber. Einer hat einen Ball (Kooshball, Jonglierball oder Reissäckchen) in der Hand und wirft ihn seinem Mitspieler zu. Ob dieser mit links oder rechts fangen soll, sagt der Werfer an.
2. Wer das gut schafft, soll nun beim Ballfangen mit der linken Hand den rechten Fuß nach vorn stellen, beim Ballfangen mit der rechten Hand den linken Fuß.
3. Es wird ausgemacht, dass mit links gefangen werden muss, wenn der Werfer „1“ sagt, mit rechts, wenn er „2“ sagt.

© AOL-Verlag

29 Vgl. Lutz, Horst: Life Kinetik®. Gehirntraining durch Bewegung, S. 76 ff.

4. Es wird ausgemacht, dass mit links gefangen werden muss, wenn der Werfer eine gerade Zahl sagt, mit rechts, wenn er eine ungerade Zahl sagt.
5. Es wird ausgemacht, dass mit links gefangen werden muss, wenn der Werfer einen Mädchennamen sagt, mit rechts, wenn er einen Jungennamen sagt.

Diese Übung kann immer wieder abgewandelt werden. Wenn das Fangen mit der richtigen Hand gelingt, wird jeweils der Fuß der anderen Seite dabei nach vorn gestellt.

Ballübung in einer Gruppe

Sie brauchen zwei Kooshbälle oder Reissäckchen in unterschiedlichen Farben. Die Kinder und Sie (mindestens fünf) stehen im Kreis. Der erste Ball wird in beliebiger Reihenfolge von einem zum nächsten geworfen, bis jeder ihn genau einmal hatte und er wieder beim ersten Werfer ankommt. Dabei muss sich jeder merken, von wem er den Ball bekommt und wohin er ihn wirft. Das Gleiche wird mit dem zweiten Ball gemacht, der aber an keiner Stelle den gleichen Weg nehmen darf wie der erste.
Sind beide Ballwege klar, wird mit beiden Bällen gleichzeitig geworfen. Manche Gruppen entwickeln großen Ehrgeiz. Sie werfen und fangen die Bälle minutenlang fehlerfrei. Da sind die Kinder wirklich konzentriert, ohne dass jemand sie ermahnen muss.

Spiele

Es gibt auch fertige Spiele, die die volle Aufmerksamkeit (also Konzentration) der Kinder erfordern. Eines davon ist „Hands Up“[30].
Auf Bildkarten sind Hände in verschiedenen Positionen und Fingerstellungen abgebildet. Die Karten werden nacheinander aufgedeckt, wobei es darum geht, so schnell wie möglich genau die abgebildete Handstellung nachzumachen. Wenn alle Spieler ungefähr gleich gut sind, kann man dieses Spiel mit Gewinnern und Verlierern spielen. Der Langsamste bekommt die Karte. Achten Sie aber darauf, dass nicht ein Kind verzweifelt, weil es das Übertragen vom Bild auf die eigenen Hände nicht gut schafft.

© AOL-Verlag

30 Vgl. die Liste der Spiele und Lernhilfen im Anhang.

5.3. Bilder und Geschriebenes

Abwechslungsreiche Materialien und Methoden, die LRS-Schülern entsprechen, ermöglichen oft ohne bewusstes Üben große Fortschritte. Sie lassen sich nicht immer im Förderunterricht einsetzen, können aber Eltern und Kindern empfohlen werden. Sie werden auch in „Intelligente LRS-Schüler – Ratgeber für Eltern“ beschrieben.

5.3.1. Falsche Bilder löschen

Die meisten LRS-Kinder haben viele Dinge als Bilder „im Kopf“, auch geschriebene Wörter. Leider sind einige davon falsch. Es kommt auch vor, dass ein Kind sozusagen im Kopf eine ganze Seite voller möglicher Schreibweisen für ein Wort sieht und sich in diesem ganzen Durcheinander nicht zurechtfindet.

Wer Bilder sieht, kann ebenso gut Bilder löschen und neue abspeichern. Diese Kinder verstehen solche Anweisungen:

- Sieh dir das Bild zu diesem Wort an.
- Jetzt lösche es. Radiere alles weg oder mache einen Reset, sodass das Blatt ganz weiß und leer ist.
- Sieh dir jetzt das Wort an, wie es richtig geschrieben wird (auf Papier oder der Tafel) und „fotografiere“ es auf dieses Blatt. Oder schreibe es mit dem Finger in die Luft und stell dir vor, es wäre eine Leuchtschrift, die sich auf deinem Blatt einprägt.
- Lies das Wort von diesem neu beschrifteten Blatt (in deinem Kopf) ab.

Sehr viele Kinder sehen diese „Fotos“ tatsächlich so genau, dass sie die Wörter sogar rückwärts lesen können. Wer diese Fähigkeit besitzt, muss aber aufpassen, dass er nur richtige Bilder im Kopf hat. Daher weisen Sie immer wieder darauf hin, dass falsche Bilder, auch zu Regeln, gelöscht werden müssen, bevor die neuen gespeichert werden.

5.3.2. Poster, Bilder und Collagen

Bilder helfen vielen LRS-Kindern, Dinge zu verstehen und zu behalten. Das Y ist z. B. ein selten benutzter Buchstabe, der oft Verwirrung auslöst. Fertigt ein Kind dazu ein Bild oder eine Collage an, verliert es seinen Schrecken:

- ausgeschnittene y aus Zeitschriften
- Wörter mit y (ausgeschnitten oder selbst geschrieben)

© AOL-Verlag

- Bilder von Gegenständen, die eine Y-Form haben (ausgeschnitten oder gemalt)
- Bilder von Dingen, die mit y geschrieben werden (ausgeschnitten oder gemalt), z. B. Yak, Yeti, Yoga, Xylofon

Diese Methode eignet sich auch für andere Themen wie Lernwörter. Ein Bild mit allen aa-Wörtern oder mit den wichtigsten Lernwörtern mit ä kann ausnahmsweise als Hausaufgabe, aber ebenso als Gruppenarbeit angefertigt werden.

5.3.3. Karteikarten

Kleine Karteikarten in verschiedenen Farben sind einfach für das abwechslungsreiche Lernen einzusetzen. Die Karten müssen sehr ordentlich und natürlich richtig beschrieben sein, am besten gedruckt, denn das Schriftbild soll sich einprägen. Von einem Schüler mit schlechter Schrift angefertigte Karten sind dafür ungeeignet. Auf jeden Fall sollten Eltern oder Lehrkräfte die Karten vor Gebrauch überprüfen.

Lernkartei/Lernbox[31]

Viele Kinder nutzen eine Lernbox, um ihre speziellen Fehlerwörter zu üben. Wer eine solche Kartei angelegt hat, kann sie einige Zeit ruhen lassen und nach ein paar Monaten Arbeit mit dem Lernprogramm überprüfen. Die meisten Wörter werden dann wahrscheinlich aussortiert werden, weil der Schüler sie sowieso richtig schreibt und nicht extra üben muss.

Wer seine Fehlerwörter weiterhin bearbeiten soll oder möchte, sollte darauf hingewiesen werden, dass er Regeln, die er im Lernprogramm erarbeitet hat, auch auf diese Wörter anwenden kann, denn es sind meistens keine Lernwörter. Die Aufgabe sollte darin bestehen, Wörter in der Kartei zu finden, die er mit den erlernten Regeln schon beherrscht. Auf diese Weise merkt man, dass das Lernprogramm auch hilft, seine „alten Probleme“ zu lösen.

Karten für die Hosentasche

Besonders schwierige Vokabeln, Definitionen oder Lernwörter kann ein Kind auf Karteikarten schreiben, einfach in die Hosentasche stecken und immer wieder hervorholen, um zu überprüfen, ob es sich das Wort jetzt richtig gemerkt hat. Für die Klassenarbeit muss die Hosentasche natürlich geleert werden.

© AOL-Verlag

31 AOL-5-Fächer-Lernbox, AOL-Verlag 2014.

Wortarten einüben

Karteikarten werden mit einzelnen Wörtern der zu übenden Wortarten beschrieben. Damit kann auf unterschiedliche Weise geübt werden.

- Auf großen Karten (A5 oder A6) steht die Bezeichnung der Wortart auf Deutsch und Latein, jeweils eine Karte pro Wortart. Die kleinen Karten mit den einzelnen Wörtern werden nun den großen mit den Wortarten zugeordnet.
- Die kleinen Karten (A7 oder A8) liegen auf einem Haufen und werden einzeln aufgedeckt. Wer zuerst die richtige Wortart sagt, bekommt die Karte.
- Es wird ein Schema aufgeschrieben, in welcher Reihenfolge Wörter gelegt werden sollen. Jeder „bastelt" so eigene, z. T. lustige Sätze aus den Karten, die ihm zur Verfügung stehen. Beim Vorlesen muss er sie so umformen, dass sie grammatisch richtig sind.
  Beispiel: Artikel, Adjektiv, Nomen, Verb, Präposition, Artikel, Nomen.
  Daraus wird z. B.: Die kaputt Kamel rennt über eine Motorrad.
  Richtig vorgelesen: Das kaputte Kamel rennt über ein Motorrad.

Wortbausteine

Auf Karten mit unterschiedlichen Farben werden Wortbausteine geschrieben, getrennt nach Vorsilben, Stämmen und Nachsilben/Endungen.
Beispiel:
Vorsilben in Gelb: auf-, zu-, mit-, um-, an-, aus-, her-, weg-, nach-, ab-, hin-, über-, unter-, fort-, ein-, miss-, ur-, ver-, vor-, be-, ge-, zer-, er-, ent-, un-
Nachsilben/Endungen in Blau: -heit, -ung, -schaft, -nis, -tum, -keit, -sal, -sam, -bar, -isch, -los, -ig, -lich, -selig, -in, -wärts, -e, -er, -en, -t
Wortstämme in Rot: arbeit, lauf/läuf, ruh, lieb, sprech, fahr/fähr, glück, freund, froh/fröh, furcht, warn, leb, müh, land/länd, druck/drück, rat, zweck, heim, geb, komm, reich, schick, gleich, zeit.

- Jedes Kind bekommt einige Karten jeder Farbe und versucht, daraus sinnvolle Wörter zu legen, z. B.: Vor-lieb-e, Be-rat-ung, spiel-en.
- Die Karten liegen auf einem Haufen und werden einzeln aufgedeckt. Wer zuerst ein Wort mit diesem Wortbaustein sagt, bekommt die Karte, z. B.: „vor-" – Vorlage, „fahr" – Beifahrer, „-keit" – Freundlichkeit.

© AOL-Verlag

Verben für dass-Sätze

Verben, die erfordern, dass ein dass-Satz folgt, werden auf Karten geschrieben. Überlegen Sie gemeinsam mit den Kindern, welche das sein können. Eine Liste finden Sie auch im Arbeitsheft „Intelligente LRS-Schüler – Lernprogramm“.

- Die Karten liegen auf einem Haufen und werden einzeln aufgedeckt. Wer zuerst einen Satz mit diesem Verb und einen dazugehörigen dass-Nebensatz sagt, bekommt die Karte.
  Beispiel: „vermuten“ – Der Ritter vermutet, (Komma mitsprechen) dass seine Rüstung geölt werden muss.
- Jeder bekommt einige Karten und schreibt entsprechende Sätze mit diesen Verben und dass-Nebensätzen in sein Heft.

Lernwörter-Training à la Tabu

Diese Methode eignet sich besonders gut, um kleinere Gruppen von Ausnahmewörtern so zu bearbeiten, dass LRS-Schüler sie sich merken. Die Schüler sollen keine Liste auswendig lernen, aber wenn beispielsweise ein Wort mit Doppelvokal geschrieben wird, sollten sie sich daran erinnern, dass es zu dieser Gruppe von Ausnahmewörtern gehört.
Geeignet sind z. B.:

- Wörter mit Doppelvokal
- Wörter mit ä, die nicht abgeleitet werden können
- Wörter mit pf
- Wörter mit x-Lauten (ks, cks, gs, chs, x)
- Wörter, die mit v (wie f gesprochen) beginnen, aber nicht die Vorsilbe „ver-“ oder „vor-“ haben
- Wörter mit ai
- Wörter mit y

Gespielt wird nur mit den Karten einer Ausnahmegruppe. Auf jeder Karte steht ein Wort dieser Gruppe. Wie beim Spiel Tabu[32] sind die Karten auch mit Wörtern versehen, die die Schüler zur Erklärung nicht benutzen dürfen. Jeder bekommt gleich viele Karten. Abwechselnd werden nun die Begriffe, die auf den Karten stehen, den Mitspielern erklärt (die sie nicht sehen dürfen). Die Mitspieler versuchen, das Wort zu erraten, und stellen dazu Fragen, die

32 Vgl. die Liste der Spiele und Lernhilfen im Anhang.

© AOL-Verlag

der Erklärende nur mit einem „Ja“ oder „Nein“ beantworten darf. Die erklärten Wörter werden aufgeschrieben. So entsteht eine Liste mit Lernwörtern, die sich die Kinder viel besser merken können, als wenn sie sie nur einmal lesen und abschreiben. Dieses Spiel kann man gelegentlich wiederholen. Das Erraten gelingt jetzt natürlich viel schneller. Das ist schließlich das Ziel.
Sie können selber solche Lernwörterkarten schreiben. Gut geeignet sind dazu Karteikarten im A8-Format.[33]

5.3.4. Knickspiel

Je nachdem, was eingeübt werden soll, schreiben Sie einen Beispielsatz oder eine Abfolge von Wortarten für alle Mitspieler sichtbar auf.

- Jeder Mitspieler (mindestens drei) bekommt ein leeres Blatt Papier.
- Oben schreibt er ein Wort der ersten vorgegebenen Wortart hin und knickt das Blatt so, dass es verdeckt wird.
- Jeder gibt sein Blatt einen Platz weiter.
- Auf das Blatt, das jetzt vor ihm liegt, schreibt jeder Mitspieler ein Wort der zweiten vorgegebenen Wortart, knickt und gibt weiter.
- So wird weitergemacht, bis alle Wörter geschrieben sind und ein letztes Mal weitergegeben wurde.
- Jetzt werden die Blätter aufgefaltet und die Sätze vorgelesen.

Den Kindern macht diese Art von Spiel Spaß, weil so herrlich unsinnige Sätze entstehen. Sie üben dabei unbewusst den Umgang mit den Wortarten. Beispiel: Artikel, Nomen, Verb, Adverb (Zeitangabe), Adjektiv, Präposition, Artikel, Nomen. Ein daraus entstehender Unsinnssatz könnte dann lauten: Der Elefant strampelt heute mutig mit dem Löffel.

Geeignet ist dieses Spiel auch für das Einüben von dass-Sätzen:

- Artikel und Nomen im Nominativ: z. B. der Bär, die Schlange
- die Kombination „Verb, das einen dass-Satz erfordert, 3. Person Singular“, „Komma“ und „dass“: z. B. erwartet, dass; befürchtet, dass; sagt, dass; träumt, dass; erzählt, dass; denkt, dass
- Artikel und Nomen im Nominativ: z. B. das Eichhörnchen, der Rasenmäher, die Eieruhr

© AOL-Verlag

33 Alternativ können Sie auf das fertige „Lernwörter-Training à la Tabu“ zurückgreifen. Es ist auf das Lernprogramm abgestimmt und erscheint im AOL-Verlag.

- Adverb (Zeitangabe): z. B. montags, heute, gestern, immer, neulich
- Adjektiv: z. B. laut, mutig, entspannt, kräftig, freundlich
- Verb, 3. Person Singular: z. B. flötet, einkauft, wartet, boxt, trompetet

Beispielsatz: Der Bär erwartet, dass das Eichhörnchen montags laut flötet.

5.3.5. Stadt – Land – Fluss

Dieses Spiel ist wohl allgemein bekannt. Man kann es für viele Übungszwecke abwandeln. Das Prinzip ist immer, dass es verschiedenen Spalten gibt, in die gesuchte Begriffe, jeweils mit einem bestimmten Anfangsbuchstaben, eingetragen werden.
Möglich sind z. B.:

- Nomen, Verb, Adjektiv, andere Wortart: z. B. Amsel, arbeiten, artig, ab; Boden, boxen, breit, bei
- Silbenzahl 1, 2, 3, 4, 5: z. B. Dach, Dose, Datenbank, Demokratie, Dinosaurier; Elf, Esel, Elefant, Entenküken, Ekelhaftigkeit

5.4. Spiele und Bälle

Es gibt zahlreiche Spiele, die die Wahrnehmung, die Aufmerksamkeit, das Denken usw. fördern. Hier finden Sie nur eine kleine Auswahl, die ich gelegentlich im Unterricht verwende.[34]

5.4.1. Buchstaben und Wörter

Diese Spiele sollen nicht unbedingt Rechtschreibspiele sein, sondern vielmehr den Umgang mit Buchstaben und Wörtern auf andere Art trainieren.

Scrabble

Wenn Sie die Regeln dem Können der Teilnehmer anpassen, macht sogar Scrabble Spaß. Beispielsweise sind folgende Erleichterungen denk- und kombinierbar:

- Es gibt keine Gewinner und Verlierer.
- Die Punkte werden nicht gezählt.
- Gespielt wird mit aufgedeckten Spielsteinen (und gegenseitiger Hilfe).

© AOL-Verlag

34 Vgl. die Liste der Spiele und Lernhilfen im Anhang.

- Auch zusammengesetzte Wörter, die nicht im Wörterbuch stehen, sind erlaubt.
- Das Austauschen von Spielsteinen ist erlaubt, ohne dass man aussetzen muss.

Express

Der Spielleiter deckt mehrere Karten mit je ein oder zwei Buchstaben auf. Wer daraus ein Wort bilden kann, bekommt die verwendeten Karten und neue werden aufgedeckt. Da man das Spiel jederzeit abbrechen kann, ist es für kurze Spielpausen geeignet.

Denk-Fix

Es werden Begriffe gesucht, z. B.: eine Blume, etwas Rundes. Mit welchen Buchstaben sie beginnen sollen, wird mit einer Drehscheibe ermittelt. Wer als Erster ein richtiges Wort sagt, erhält die Karte mit der Frage.

Tabu

Hier müssen Begriffe erklärt werden. Die „Tabu"-Wörter, die unter dem zu erklärenden Wort auf einer Karte stehen, darf man dafür nicht benutzen. Auch bei diesem Spiel ist es wichtig, die Regeln dem Können der Spieler anzupassen.

- Die Kinder sollen ohne Zeitdruck erklären dürfen.
- Die Einteilung in zwei gegnerische Gruppen ist nicht sinnvoll, weil dadurch ein zu großer Erfolgszwang entsteht.
- Das Spiel enthält viele Begriffe, die „peinlich" sind; diese sollten aussortiert werden. Für jüngere Schüler können auch gezielt geeignete Karten herausgesucht werden.

Ziel ist es, dass die Kinder sich trauen, etwas zu beschreiben. Wer an der Reihe ist, muss sich also etwas einfallen lassen, um seinen Mitschülern zu helfen, den Begriff zu erraten. Das im Schulalltag eingesetzte „Ich weiß das nicht, das kann jemand anders sagen" wird nur in Ausnahmefällen akzeptiert. Besser ist es dann, dass das Kind sich einen neuen Begriff aussucht, den es erklärt.

© AOL-Verlag

Viele Dinge und 1000 Namen

Bei diesen beiden Spielen wird ein Anfangsbuchstabe vorgegeben. Die Spieler müssen auf Bildern etwas finden (was sie sehen oder was ihnen dazu einfällt), das mit diesem Buchstaben beginnt.

Wort-Fix

Aufgabe ist es, zusammengesetzte Wörter zu bilden. Dazu werden jeweils zwei Buchstaben vorgegeben, die Anfangsbuchstaben der beiden Wortstämme. Wer als Erster ein sinnvolles Wort sagt, bekommt die Karten.
Beispiel: R und K – Rotkehlchen, Rhabarberkuchen, Riesenkrake

Buchstaben auswählen

Buchstabenroulette mit der Denk-Fix-Drehscheibe, Buchstabenwürfel oder -karten können, ähnlich wie das Abc-Aufsagen bei Stadt – Land – Fluss, dazu dienen, zufällig Buchstaben auszuwählen. Sie können beispielsweise Vorsilben bestimmen, mit denen Wörter gebildet werden sollen. Den Anfangsbuchstaben des Wortstammes ermitteln die Schüler durch Drehen, Würfeln oder Ziehen. Beispiel: Vorsilbe ver-, Buchstabe d = Verdacht, verdrehen

Würfel

Würfel eignen sich, um festzulegen, wie viele Silben ein Wort mit einem bestimmten (zufällig ermittelten) Anfangsbuchstaben haben soll. So kann z. B. jeder Schüler zehn Buchstabenkarten bekommen und muss für jede einzelne die Silbenzahl würfeln, um ein Wort zu bilden.
Beispiel: F, 4: Fuß-ball-tor-wart; S, 3: sa-gen-haft

Gerade beim Üben mit Wortbausteinen macht Würfeln Spaß. Sie können Vor- oder Nachsilben jeweils eine Zahl zuordnen. Mit der entsprechenden Silbe muss dann ein Wort gebildet werden.
Beispiel: 1: auf-, 2: zu-, 3: ab-, 4: an-, 5: über-/um-, 6: ein-/mit-
1: Auflauf, 2: zuhören, 3: Abfall, 4: Angeber, 5: Umlage …

oder: 1: -ieren, 2: -heit, 3: -los, 4: -keit, 5: -tum, 6: -ine
1: telefonieren, 2: Gewohnheit, 3: arbeitslos, 4: Heiterkeit …

© AOL-Verlag

5.4.2. Wahrnehmung und Kombination

Viele LRS-Schüler haben die Gabe, Bilder mit einem Blick zu erfassen. Häufig denken sie auch in Bildern und nicht linear (also etwa in einer Art Selbstgespräch) – im Gegensatz zu den meisten anderen Menschen. Diese Art zu denken ist viel schneller und komplexer, lässt sich aber schwer auf die Schriftsprache übertragen, da ja alles auf einmal da ist (gesehen und gedacht), man aber nur ein Wort zur selben Zeit sagen oder schreiben kann. Diese Kinder lieben Spiele wie Set oder Sambesi, weil sie hier ihre Begabung (meist unbewusst) nutzen können. Wie konzentriert sie dabei sind, merken sie gar nicht.

Set

Aus verschiedenen Karten, die Symbole in unterschiedlicher Zahl, Farbe, Füllung und Form enthalten, müssen nach einem bestimmten Prinzip Dreierkombinationen gefunden werden. Überblick und Kombinationsvermögen werden gefördert.

Sambesi

Bei diesem Kartenspiel muss zu vielen ähnlichen Bildkarten jeweils das Spiegelbild gefunden werden. Wer es zuerst entdeckt, bekommt die Karten.

Speed

Dies ist ein schnelles Kartenspiel für zwei Spieler. Karten, die Symbole in unterschiedlicher Zahl, Farbe und Form enthalten, müssen nach einem bestimmten Prinzip so schnell wie möglich abgelegt werden.

5.4.3. Bälle zum Lernen

Als Abwechslung zum Arbeiten mit Papier und Stift am Tisch bieten sich Übungsabschnitte mit Bällen an. Am besten geeignet sind dazu Kooshbälle oder Reissäckchen, denn sie sind weich und leicht.

Abc

Das Abc wird vorwärts oder rückwärts aufgesagt. Wer den Ball hat, sagt den jeweiligen Buchstaben und wirft zu einem beliebigen Mitspieler. So müssen immer alle aufpassen.

© AOL-Verlag

Vorsilben, Nachsilben

In alphabethischer Reihenfolge werden Wörter mit bestimmten Vor- oder Nachsilben gebildet. Diese Übung schult das Gespür sehr gut dafür, ob eine Buchstabenfolge Vorsilbe, Nachsilbe oder Teil des Wortstammes ist. Für die Rechtschreibung ist das eine große Hilfe. Besonders geeignet sind z. B. vor-, ver-, ge-, be-, -ieren.
Beispiel: Vorahnung, Vorbau, Vordach, voreilig ...
annoncieren, balancieren, diskutieren, eliminieren ...

Versuchen Sie, immer viel Abwechslung in die Übungen zu bringen, denn fehlerfrei zu schreiben lernt ein LRS-Schüler nicht durch pausenloses Schreiben von Wörtern, deren Schreibweise er nicht versteht. Er muss verstehen, ein Gespür entwickeln und mit Freude anwenden, was er lernt. So verfestigt sich, was er weiß und wird auch in unterschiedlichen Situationen abrufbar sein.

© AOL-Verlag

6. Das Lernprogramm für intelligente LRS-Schüler begleiten

In diesem Kapitel erfahren Sie

- Schritt für Schritt, wie Sie das „Intelligente LRS-Schüler – Lernprogramm für effektiven Förderunterricht einsetzen,
- welche Ergänzungen sinnvoll sind und
- wie Schwierigkeiten einzelner Schüler überwunden werden.

Dieses Kapitel begleitet Sie schrittweise durch das „Lernprogramm", daher entsprechen sich die Nummerierungen der Überschriften. Das bedeutet, 6.1.1. bezieht sich auf Kapitel 1.1. im Lernprogramm, 6.2.2. auf Kapitel 2.2. usw. Nur bei 6.4.2. und 6.4.3. gibt es Abweichungen, da dort mehrere Punkte zusammengefasst dargestellt werden.

Jeder Schüler benötigt sein eigenes Lernprogramm und zusätzlich ein Schreibheft. Sie brauchen vorerst kein Zusatzmaterial. Mit Vorschlägen aus Kapitel 5 und eigenen Ideen können Sie den Unterricht jedoch abwechslungsreicher gestalten und so auch Ihre Materialsammlung Stück für Stück erweitern.

Im LRS-Förderunterricht ist es erlaubt, etwas nicht zu wissen. Gerade wenn die Schüler Sie auch aus dem Regelunterricht kennen, besteht die Gefahr, dass sie sich fürchten, hier würde ihr Versagen endgültig aufgedeckt und verraten. Das Gegenteil stimmt. Hier geht es nicht um Nachhilfe und zusätzliches Üben, sondern darum, das zu lernen, was die Schüler in der Grundschule (aus welchen Gründen auch immer) nicht begriffen haben.

Es ist verboten, wie sonst im Unterricht, so zu tun, als wüsste man alles. Hier ist ein geschützter Raum – nur für ganz spezielle Schüler. Sie alle sind genial, aber um die Rechtschreibung zu können, reicht das allein nicht aus. Sie sind derjenige, der das weiß und der weiß, wie man die Rechtschreibung bezwingen kann, wenn man so genial ist. Sie kennen Tricks und werden sie diesen Kindern verraten. Sie müssen noch nicht einmal Diktate da-

© AOL-Verlag

für schreiben. In diesem Unterricht gibt es weder Zensuren noch Hausaufgaben. Wenn ein Test gemacht wird, bedeutet das lediglich, dass getestet wird, ob die Regeln, die Sie den Schülern erklärt haben, auch wirklich stimmen.

6.1. Grundlagen

Die andersartige Lernsituation bringt LRS-Schüler dazu, ohne Angst am Unterricht teilzunehmen und sich bereitwillig auf den Lernstoff einzulassen.

Regeln für den Förderunterricht

- **Das ist erlaubt:**
  - lachen
  - essen (aber natürlich keine Pizza vom Pizzaservice)
  - trinken
  - sich bewegen, wenn es nicht stört (z. B. auf dem Tisch sitzen und die Beine baumeln lassen)
  - etwas sagen, ohne sich zu melden (es sei denn, etwas anderes wird angesagt)
  - fragen (immer wieder, auch wenn man denkt, man müsste es eigentlich wissen)
  - Spaß
- **Das ist verboten:**
  - jemanden auslachen
  - blöde Bemerkungen über andere Schüler
  - stören
  - so tun, als hätte man etwas verstanden, was man es nicht ganz verstanden hat
  - Diktate schreiben
  - Hausaufgaben
  - Noten

Ergänzen Sie diese Liste gemeinsam mit den Kindern. Finden Sie dabei heraus, was für die Kinder wichtig ist.

© AOL-Verlag

Die ersten Unterrichtsstunden dienen dem Kennenlernen. Welche Grundlagen sind vorhanden? Wie genau lesen die Schüler Arbeitsanweisungen? Wie ehrlich trauen sie sich zu sein?
Erzählen Sie, was sie über LRS wissen, warum Sie sich freuen, mit diesen tollen Kindern lernen zu dürfen. Je größer das Vertrauen in Sie ist (da Sie die Schüler nicht bei den anderen Lehrkräften verpetzen, wenn sie etwas nicht können und Sie nicht schimpfen oder bestrafen), desto selbstbewusster treten die Schüler auf und nehmen die Herausforderung an.

Was LRS bedeutet

Lassen Sie die Kinder aufschreiben oder erzählen, was LRS für sie bedeutet. Einige Antworten dazu haben Sie am Anfang des Buches schon gelesen. Das kann z. B. folgende Punkte betreffen:

- LRS bedeutet für mich: „Jetzt ist keiner mehr böse, wenn ich Fehler mache ..."
- Rechtschreibung ist: „doof".
- Schlecht an LRS ist: „dass man abgestempelt wird; dass man immer üben muss; dass man keine Zeit zum Spielen hat; dass die Eltern schimpfen, wenn man Fehler macht; dass die Berichtigungen so lange dauern ..."
- Gut an LRS ist: „dass die Rechtschreibung nicht gewertet wird; dass meine Eltern nicht mehr so viel meckern ..."
- Ich glaube, ich habe Rechtschreibprobleme, weil: „ich faul bin; ich in der Grundschule eine falsche Methode gelernt habe (hier sprechen die Eltern); ich das geerbt habe ..."
- Das kann helfen: „üben, dieser Förderunterricht, nichts ..."
- Das kann ich gut: „reiten, geigen, malen, mit Tieren umgehen ..."

Neben den Einschätzungen der Kinder über ihre Situation erhalten Sie so gleich einen kleinen Einblick in die Rechtschreibfähigkeiten. Korrigieren Sie das nicht. Heben Sie es auf, um nach Beendigung des Kurses zu beweisen, dass sich der Aufwand wirklich gelohnt hat.

Bewegung und Aufmerksamkeit

Führen Sie Überkreuzbewegungen oder andere Übungen zu Unterrichtsbeginn ein. Je nach Unterrichtszeit müssen die Kinder mehr oder weniger für

© AOL-Verlag

ihre Aufmerksamkeit tun. Suchen Sie sich aus Ihrem eigenen Bestand oder den in diesem Buch beschriebenen Übungen etwas Geeignetes aus. Abwechslung hilft, wenn die erschöpften Kinder auch am Nachmittag noch aufpassen sollen.

6.1.1. Fachbegriffe

Bitte lesen und bearbeiten Sie die Liste mit Fachbegriffen (Lernprogramm 1.1.) nicht. Ihre Schüler sollen nur wissen, wo sie nachschauen können.

Bevor sie mit dem eigentlichen Lernprogramm beginnen, sollten die Schüler einige grundlegende Begriffe und Fertigkeiten kennen. Schön wären der sichere Umgang mit dem Alphabet (der leider meist fehlt) sowie das Erkennen von Vokalen, Konsonanten und Silben. Ebenso sollten einige Fachausdrücke aus der Grammatik bekannt sein, wie z. B. Nomen, Verb, Adjektiv, Singular, Plural und Infinitiv.
Bis zur 4. Klasse werden diese Voraussetzungen im Allgemeinen geschaffen und bereiten Fünftklässlern normalerweise keine Probleme, auch wenn die Fachbegriffe manchmal schwer zu merken sind. Bedenken Sie aber, dass es nicht ausreicht, wenn ein Kind weiß, dass ein Nomen ein Namenwort ist. Fragen Sie, was das bedeutet und woran man es erkennt. Beim Unterricht in einer Gruppe finden sich fast für jede Fragestellung Spezialisten, die den anderen in kindgerechter Weise erklären, worum es geht. Achten Sie darauf, dass sich einzelne Schüler nicht mit Antworten wie „Das ist doch kinderleicht," oder „Wissen Sie das etwa nicht?" davor drücken, etwas zu erklären, bzw. versuchen, ihr Nichtwissen zu vertuschen. Es muss aber jederzeit erlaubt sein, alles nachzufragen, auch wenn es schon hundert Mal erklärt wurde.
Viele LRS-Schüler sind Grammatikfans, weil hier die Rechtschreibung nicht so wichtig ist. Ihnen fällt es nicht schwer, die Verbindung zwischen Grammatik und Rechtschreibung zu nutzen, wenn sie geeignete Erklärungen dazu erhalten. Einige LRS-Schüler finden Deutsch (und oft auch Fremdsprachen) aber generell doof. Sie haben sich vielleicht noch nie die Mühe gemacht, wirklich aufzupassen, wenn es um Grammatik ging. Diese Kinder sollten jetzt nicht gezwungen werden, alle hier aufgeführten Begriffe zu lernen. Es geht vielmehr darum, ihnen die Sicherheit zu geben, dass sie jederzeit schnell nachsehen können, was ein Fachbegriff bedeutet. Fragen Sie immer wieder nach, wenn so ein Begriff im Text auftaucht.

© AOL-Verlag

„Was ist denn überhaupt ein Nomen?“ und „Was ist daran so besonders?“ Lassen Sie sich auch Beispiele nennen und haben Sie Geduld, wenn nicht alles stimmt.

Vokale und Konsonanten

Als Voraussetzung für die Rechtschreibung muss auf jeden Fall der Unterschied zwischen Vokalen und Konsonanten bekannt sein. Zu den wichtigsten Regeln zählen schließlich die Konsonantenverdoppelung und die Dehnung der Vokale. Um bei diesen ohnehin komplizierten Begriffen keine Verwirrung zu erzeugen, muss sichergestellt sein, dass die Schüler wissen, wer verdoppelt oder gedehnt werden soll.
Vokale (Selbstlaute) klingen allein/selbst (a, e, i, o, u), während Konsonanten (Mitlaute), um laut zu klingen, mit einem Vokal verbunden werden (be, ef, ha). Zu den Vokalen zählen auch die Umlaute (ä, ö, ü) und die Diphthonge (Doppellaute) (ai, au, ei, eu, äu).
Natürlich hat jedes Kind das gelernt und müsste es auch wissen, aber das spielt keine Rolle. Besprechen und üben Sie die Unterschiede, bis sie allen klar sind. Egal mit welchen Mitteln Sie es tun (besprechen, malen, kneten, bewegen, singen oder anders): Das Ergebnis zählt.

6.1.2. Lange und kurze Vokale

Vermeiden Sie Missverständnisse. Das O von Oma ist genauso rund wie das von Otter, man sieht keinen Unterschied. Dennoch wird gesagt, das eine ist lang, das andere ist kurz. Ähnliches passiert häufig. Wer seinen Finger in einen Eimer mit blauer Farbe steckt, wird keinen Temperaturunterschied zu roter Farbe feststellen, trotzdem bezeichnet man diese Farben als kalt und warm. Immer wieder geschieht es, dass wegen solcher Missverständnisse das sinnvolle Weiterarbeiten nahezu unmöglich wird. Der eine meint, es wäre alles klar definiert, der andere wundert sich nur oder bastelt sich eine eigene Erklärung zusammen. Fragen Sie Ihre Schüler, was sie unter kurzen und langen Vokalen verstehen – fragen Sie jeden Einzelnen.
In Kursen von drei bis sechs Schülern ist manchmal einer dabei, der vermutet, dass es bei der Frage „Kurzer oder langer Vokal?“ um das Sprechen oder Hören und nicht um das Aussehen geht. Im Allgemeinen ist es bei Schülern mit LRS in der 5. und 6. Klasse aber so:

© AOL-Verlag

- Die meisten hören zum ersten Mal, dass es kurze und lange Vokale gibt.
- Wenige können kurze und lange Vokale sofort unterscheiden.
- Viele können kurze und lange Vokale nach Erklärung und einiger Übung unterscheiden.
- Einige brauchen viele verschiedene Methoden und lange Zeit, bis sie kurze und lange Vokale unterscheiden können.
- Keiner kennt den Zusammenhang zwischen kurzen und langen Vokalen und der Rechtschreibung.

Warum ist die Unterscheidung so wichtig?
Die erste entscheidende Frage für die richtige Schreibweise deutscher Wörter lautet: Ist der „wichtigste" (= der erste betonte) Vokal im Wort kurz oder lang? Danach richtet sich alles andere. Wer diese Frage nicht sicher beantworten kann, ist aufgeschmissen, wenn es um Rechtschreibregeln geht.
Viele Menschen, so auch die meisten Erwachsenen, haben sich nie Gedanken darüber gemacht, dass es kurze und lange Vokale gibt. Wer intuitiv richtig schreibt („Das hört man doch"), dem muss der Unterschied nicht bewusst sein. Kinder mit LRS schreiben aber nicht intuitiv alles richtig. Entweder sie kennen die Wörter („Sieht gut aus") oder sie raten.
Diese Kinder haben aber die allerbesten Voraussetzungen, mit dem Lernprogramm ihre Rechtschreibprobleme zu überwinden, wenn sie (bislang) von kurzen und langen Vokalen keine Ahnung hatten. Sie können ihnen diesen Unterschied erklären und auch, dass alles Rechtschreibübel genau da seinen Ursprung hat. Danach ergibt sich so vieles fast von allein, dass die Rechtschreibung ihren Schrecken schnell verliert. Sie wird durchschaubar und damit beherrschbar.
Wer die Frage „Kurz oder lang?" stellt und richtig beantwortet, kann nach Rechtschreibregeln schreiben. Wer kurz und lang nicht unterscheidet, hat dagegen weder bei Konsonantenverdoppelung noch beim Dehnungs-h eine Chance.
Das bedeutet, er müsste jedes Wort einzeln erlernen – und es gibt viele. Daher nehmen Sie sich Zeit, um mit Ihren Schülern herauszufinden, wie sie die Unterschiede am sichersten erkennen können. Sie brauchen dafür Fantasie, Geduld und, falls ein Schüler Schwierigkeiten hat, die Unterschiede zu erkennen, ein paar zusätzliche Methoden.

© AOL-Verlag

Zur Einführung lösen Sie die erste Aufgabe gemeinsam. Lassen Sie sich Wörter mit o diktieren und schreiben Sie sie an die Tafel. Anschließend werden sie vorgelesen. Beim zweiten Lesen soll das o auch wirklich als o gesprochen werden. Wieso klingen einige Wörter komisch? Kreisen Sie die Wörter, die die Kinder so als komisch klingend erkannt haben, ein. Überlegen Sie gemeinsam, woran es liegen kann, dass offensichtlich gar nicht jedes o wie o gesprochen wird. Im Gegensatz zu einigen anderen Sprachen gibt es im Deutschen jeweils nur ein Zeichen für die lang und kurz gesprochenen Vokale. Wie sie ausgesprochen werden, soll man anscheinend von allein wissen. Wer Französisch kann oder lernt, versteht anhand der unterschiedlichen Akzente auf dem e, wie es gemeint ist. Nachdem alle Vokale so untersucht wurden, und jedes Kind die Unterschiede im Prinzip verstanden hat, fangen Sie mit den anderen Übungen dazu an.

Wie jeder kurze und lange Vokale unterscheiden kann

Eigentlich ist es merkwürdig, dass wir für zwei ganz unterschiedliche Laute nur einen Buchstaben benutzen.

- Lange Vokale kann man ganz lang sprechen, trotzdem klingt das Wort gut.
- Kurze Vokale spricht man abgehackt.
- Lange Vokale klingen so, wie sie heißen, nämlich a, e, i, o, u, ä, ö, ü.
- Kurze Vokale klingen eher so, wie man sich die Laute von Urwaldäffchen vorstellt.
- Kleine Geschwister lesen manchmal komisch, weil sie oft nur die langen Vokale benutzen.
- Wenn man kurze Vokale lang spricht, klingt das Wort komisch.

Beispielwörter verdeutlichen, wie es gemeint ist:

langer Vokal	kurzer Vokal
Ameise, Rasen, Wal, Blase	Affe, Ratte, Wald, Bank
Esel, Leben, Nebel, Rede	Ente, Kette, Test, Senf
Igel, Tiger, Mine, Biber	Insel, Linse, Bild, Rinne
Oma, Sofa, Rose, Los	Otter, Wolke, Tonne, Dorf

© AOL-Verlag

langer Vokal	kurzer Vokal
Ufer, Pudel, Glut, Mut	unten, Luft, Wurst, Flunder
Käse, Käfer, Säge, jäten	Ärmel, älter, Kämme, Lärm
Öl, König, böse, Möbel	können, Böller, völlig, plötzlich
übel, Krümel, Tür, Düse	Küste, Kümmel, Türme, Müll

Die Schüler dürfen bei den Übungen laut sprechen, denn sie müssen ja hören, ob ein Wort, mit langem Vokal gesprochen, gut oder komisch klingt. Am schwierigsten ist das a, weil man den Unterschied schwer hört. Beim langen a kann man aber den Mund ganz weit aufmachen, beim kurzen nicht, das hilft vielen. Die größten Probleme bereiten Vokale, denen der Konsonant r folgt, zumindest in Norddeutschland. Wenn man statt „Kerl" eher „Keerl" und statt „Park" eher „Paak" sagt, ist das verständlich. Die Kinder sollen versuchen, das r wirklich zu sprechen. Sie merken dann, dass es mit langem Vokal gar nicht möglich ist, ohne Mund oder Zunge zu verrenken.

Wenn ein Kind mit diesen Erläuterungen noch nicht zurechtkommt, müssen andere Methoden gefunden werden, damit der Unterschied lang – kurz klar wird.

Zusätzliche Methoden zum Erkennen langer und kurzer Vokale

- Beim Sprechen eines langen Vokals kann man einen langen Schritt machen, weil genügend Zeit ist.
- Beim Sprechen eines kurzen Vokals kann man nur einmal kurz hüpfen.
- Kinder, die Instrumente spielen, kennen ganze Noten (beim Klavier Pedal) für lange Vokale, Achtelnoten oder Stakkato für kurze Vokale.
- Vor dem Spiegel sieht man:

	langer Vokal	kurzer Vokal
a	Mund weit auf	gelangweilter Gesichtsausdruck
e	grinsen möglich	gelangweilter Gesichtsausdruck
i	grinsen möglich	gelangweilter Gesichtsausdruck
o	Man kann den Finger nicht in den Mund stecken. (Kinder, die im Chor singen, können es aber oft.)	Man kann den Finger in den Mund stecken.
u	Man kann den Finger nicht in den Mund stecken.	Man kann den Finger in den Mund stecken.

© AOL-Verlag

- Mit Knete werden schöne, dicke und wunderbare lange Vokale geformt. Die kurzen sind klein, hässlich und mickerig. Schreiben Sie auf ein großes Blatt je ein Wort etwa in der Größe der Knetvokale. Die Schüler entscheiden, welchen selbst geformten Vokal sie auf den geschriebenen legen. Klingt er schön, dick und wunderbar oder klingt er klein, hässlich und mickerig? Wenn das gut gelingt, legen Sie kleiner geschriebene Wörter vor oder sprechen sie. Die Schüler zeigen den richtigen (langen oder kurzen) Knetvokal dazu und sagen, wie er klingt.
- Die Schüler suchen für jeden Vokal je ein Beispielwort für lang und kurz aus und schreiben sie auf Karteikarten. Hier können farbige Karten helfen. Beispielsweise werden die Wörter mit langem Vokal auf rote Karten geschrieben, die mit kurzem auf grüne. Sie schreiben zusätzlich „lang“ bzw. „kurz“ auf die Karten. Bei Unsicherheiten vergleicht das Kind den Klang des Wortes, das es bearbeitet, mit dem Klang der Wörter auf den Beispielkarten. Diese Karten können zur Unterstützung so lange verwendet werden, bis das Kind sie nicht mehr braucht.
- Erstellen Sie je eine Liste mit Beispielwörtern für lange und kurze Vokale (entsprechend der Liste mit Beispielwörtern weiter oben in diesem Kapitel). Auf einer Karteikarte (eine Seite für Wörter mit langen Vokalen, die andere für Wörter mit kurzen Vokalen) können die Wortlisten jederzeit zum Vergleich benutzt werden. (Klingt das u in Lupe wie das in Blut [lang] oder wie das in Luft [kurz]?)

Wichtig ist, dass die Vokale klar als lang oder kurz erkannt werden.

Wichtig ist, dass, natürlich mit einiger Übung, die Vokale klar als lang oder kurz erkannt werden können.

Bisher hat es jeder geschafft. Bei schwierigen Fällen kann es allerdings wirklich lange dauern. Ein bis zwei Schulstunden sind die Regel, es können auch wesentlich mehr werden. Es macht aber überhaupt keinen Sinn, mit dem Lernprogramm weiterzumachen, also eigentlich zu beginnen, wenn ein Kind diesen Unterschied noch nicht erkennt. Sind nur ein oder zwei Schüler einer Lerngruppe betroffen, während alle anderen schon sicher die Unterschiede erkennen, versuchen Sie, die Kinder mit Problemen beim Unterscheiden der kurzen und langen Vokale entweder in einer Extrastunde zu unterstützen oder die Eltern einzubeziehen.

© AOL-Verlag

In der Gruppe kann es sonst dazu kommen, dass die „Könner" genervt und die „Nichtkönner" gehetzt sind. Eine Zeit lang können Sie das natürlich mit Extraaufgaben überbrücken, aber hartnäckige Fälle benötigen manchmal sehr viel Geduld und Fantasie.

Wenn die Kinder den Unterschied „lang – kurz" nicht sicher kannten und ihn jetzt kennen, können Sie davon ausgehen, dass hier der Ursprung der Rechtschreibprobleme lag. Gerade diejenigen, die sich bis hierhin schwertaten, tröstet das, denn schlimmer wird es mit Verständnisfragen und Üben nicht mehr. Dies ist die größte Hürde auf dem Weg zur sicheren Rechtschreibung gewesen. Wenn ein LRS-Schüler es bis hierher geschafft hat, sollte er optimistisch weitermachen, denn er wird sehr schnell merken, wie sehr es sich lohnt.

Die größte Hürde auf dem Weg zur sicheren Rechtschreibung

Einige Schüler kennen die Regel, dass nach einem kurzen Vokal zwei Konsonanten folgen, und zählen daher bei den schriftlichen Übungen die Konsonanten. Sind es zwei oder mehr, machen sie einen Punkt unter den Vokal, ist es einer, machen sie einen Strich. Wenn das so ist, müssen Sie mehr mündlich üben, oder ein paar „gemeine" Wörter einbauen, die sich nicht nach dieser Regel richten (z. B. Buch, Mond, Dusche), um Aufmerksamkeit zu erzeugen. Beobachten Sie, wie die Schüler die Aufgaben lösen. Es geht niemals darum, einen Zettel fertig zu bearbeiten, sondern immer nur darum, wirklich zu verstehen.

Für diese Übungen reicht es normalerweise, Nomen zu benutzen, denn es geht ausschließlich um den Klang des wichtigsten (des ersten betonten) Vokals. Das Hören des Unterschieds soll geschult werden, damit daraufhin Regeln angewendet werden können.

6.2. Überprüfen der Rechtschreibung

Da LRS-Schüler grundsätzlich eine Abneigung dagegen haben, das von ihnen Geschriebene noch einmal anzusehen, ist einige Überzeugungsarbeit gefragt, wenn es um die Kontrolle von Selbstgeschriebenem geht. Bevor die Rechtschreibregeln gelernt werden, sollten die Kinder jedoch ein paar Dinge

© AOL-Verlag

einüben, die sie eigentlich können müssten, vielleicht nie nutzen („Ich mache ja sowieso immer alles falsch"), die aber enorm hilfreich sind.

6.2.1. Silben

Silben kennen die meisten Kinder aus der Grundschule. Silben werden geklopft, geklatscht oder geschwungen, um die Unterteilung langer Wörter in Sprechsilben zu verdeutlichen. Als Unterstützung zur Rechtschreibung erweisen sich Silbenbogen als sinnvoll. Sie werden als Bogen unter ein Wort gemalt; ein Bogen schließt dabei jeweils eine Silbe vom ersten bis zum letzten Buchstaben ein. Manchmal besteht eine Silbe sogar nur aus einem Buchstaben, z. B. I-gel, E-ber, Ma-ri-a. Im Unterschied zu den Trennungsregeln werden beim Silbengliedern wirklich alle Sprechsilben abgetrennt, also auch die, die nur durch einen Buchstaben repräsentiert werden. Man folgt dabei grundsätzlich dem Sprechrhythmus und nicht den künstlichen Trennungsregeln.
Lassen Sie die Kinder das bei langen Wörtern ausprobieren. (Es gibt keine Silbe mit mehr als zehn Buchstaben.) Damit lassen sich lange Wörter herrlich in übersichtlichere Einheiten gliedern, die man relativ einfach auf Richtigkeit überprüfen kann. Erkennen Kinder die Silben nicht sofort, probieren Sie verschiedene Methoden aus.

Silben erkennen

- Klatschen oder klopfen: Für jede Sprechsilbe wird einmal geklatscht oder auf den Tisch geklopft.
- Schritte machen: Je mehr Silben ein Wort hat, desto weiter kommt man.
- Ball werfen: Die Kinder stehen im Kreis. Jeder sagt eine Silbe und wirft den Ball weiter, bis das Wort „fertig" ist.

6.2.2. Verwandte

Was ist damit gemeint? Fragen Sie genau nach. Wenn Kinder nach einem Verwandten von „er läuft" gefragt werden, lauten die Antworten: „er rennt, ich laufe, Läufer ..."
Gesucht werden hier Wörter, die zu der Wortfamilie gehören. Entscheidend ist der gemeinsame Wortstamm, aber das brauchen die Kinder jetzt noch nicht unbedingt zu wissen. Verwandte Wörter klingen ähnlich und haben ähnliche Bedeutungen.

© AOL-Verlag

Hier geht es um die Frage, ob zu einem Wort mit ä bzw. äu ein verwandtes mit a bzw. au existiert. Alle anderen Buchstaben des wichtigen Wortteils (= Wortstamm) bleiben gleich.
Einige Kinder finden diese Übung ganz einfach, andere mühen sich sehr. Hier geht es aber nur um das Prinzip, nicht um Perfektion. Jetzt sind alle Schüler auf dem „gleichen Stand". Sie wissen, dass verwandte Wörter helfen, um eine richtige Schreibweise zu erklären.

Übungswörter
mächtig – Macht, ständig – Stand, gelähmt – lahm, kämmen – Kamm, Fläche – flach, Wächter – wachen, rächen – Rache, zählen – Zahl, prächtig – Pracht, Fähre – fahren, gären – gar, erklären – klar, nähen – Naht, Bäcker – backen, Päckchen – packen
Räuber – Raub, Läufer – Lauf, vertäuen – Tau, Fäulnis – faul, gräulich – grau, häuslich – Haus, Mäuerchen – Mauer, Bäuerin – Bauer, bestäuben – Staub, kräuseln – kraus, häufig – Haufen

6.2.3. b/p, d/t, g/k

Einige Kinder haben Schwierigkeiten, b und p, d und t sowie g und k am Wortanfang oder in der Wortmitte sicher zu unterscheiden. Besonders Kinder, die undeutlich sprechen oder lispeln, sind betroffen. Es ist ihnen vielleicht peinlich, es zuzugeben, aber mit einer Übung dazu haben sie eine Chance, für sich herauszufinden, dass es auch ohne das „Das hört man doch" machbar ist, Unterschiede festzustellen und diese Laute auseinanderzuhalten:

Wenn man wollte, könnte man beim Aussprechen des ersten Buchstabens solcher Wörter spucken (will man aber nicht!):
gilt für Wörter mit p, t, k

Selbst wenn man wollte, könnte man beim Aussprechen des ersten Buchstabens solcher Wörter nicht spucken:
gilt für Wörter mit b, d, g

Wenn ein Kind mit diesen Lauten Probleme hat, wird es das nicht unbedingt zugeben. Deshalb probieren alle es aus. Wenn man die Hand in ungefähr 20 Zentimeter Entfernung vor den Mund hält, spürt man beim Sprechen von

© AOL-Verlag

p, t und k einen deutlichen Lufthauch. Verdeutlichen lässt sich das, indem die Kinder eine kleine Feder oder ein Wattebällchen auf die Hand (oder eine Fläche vor sich) legen. Der Lufthauch ist so zusätzlich sichtbar.
Bei Bedarf schreiben die Schüler auf Karteikarten Beispielwörter. Je eine Karte oder Kartenseite für die „harten" (p, t, k) und eine für die „weichen" (b, d, g) Konsonanten. So können sie mithilfe dieser Wörter vergleichen und ausprobieren, wie sich die Unterschiede anhören und anfühlen, bis sie diese Unterstützung nicht mehr brauchen.

6.2.4. Verlängern

Wie kann man überprüfen, wie ein Wort am Ende geschrieben wird (b/p, d/t, g/k) und ob es einen Doppelkonsonanten, ein e oder ä, eu oder äu enthält? – Klar, verlängern. Das wissen viele theoretisch. Was dieses Verlängern bedeutet und was es für Einsichten bringt, ist etwas anderes. Ein Schüler, der „verlängern" sagt, hat nicht zwangsläufig die Vorgehensweise oder den Nutzen begriffen. Lassen Sie es sich also detailliert erklären, auch anhand von Beispielen.
Verlängert werden nur Nomen, Verben und Adjektive (Wortarten klären!), jede dieser Wortarten auf ihre eigene Weise. Alle anderen Wortarten, z. B. Artikel, Pronomen, Adverbien, richten sich sowieso nicht streng nach den Rechtschreibregeln und werden auch nicht verlängert.

Diese Methode sollte jeder Schüler in der 5. Klasse beherrschen, da sind diejenigen mit LRS keine Ausnahme:

- Nomen: Singular – Plural (Was bedeutet das?)
  - Beispiel: Korb – Körbe
- Verben: Infinitiv (Was bedeutet das?)
  - Beispiel: er fällt – fallen
- Adjektive: Steigerung (Was bedeutet das?)
  - Beispiel: schnell – schneller

Mit den Übungen probiert der Schüler aus, wie der Vorgang im Gehirn ablaufen soll:
Frage – Wort verlängern – Aha – richtig schreiben
Wie schreibt man „Stoff" am Ende? – „Stoffe" – also mit ff

© AOL-Verlag

Wie schreibt man „rennt"? – „rennen" – also mit nn
Wie schreibt man „bunt" am Ende? – „bunter" – also mit t

Diese Kontrolltechnik ist nicht so schwierig wie die Suche nach verwandten Wörtern. Die Methoden sind in der Grundschule meist intensiv geübt worden und auch von LRS-Schülern gut zu verstehen und anzuwenden. Hier ist eher das Problem, dass die Kinder keine Lust haben. Schreiben ist blöd und anstrengend und wenn man endlich damit fertig ist, will man auch nichts mehr damit zu tun haben.
Einige Schüler verlängern zwar richtig, schreiben das Wort aber trotzdem falsch. Sie haben den Zusammenhang nicht verstanden. Erklären Sie geduldig und fragen Sie nach, was das Kind tut und warum es das tut.

Sobald klar ist, dass man aus der Verlängerung Schlüsse für die Schreibung eines Wortes ziehen kann und wie das funktioniert, wird jeder LRS-Schüler es für sich nutzen.

Sobald klar ist, dass man aus der Verlängerung Schlüsse für die Schreibung eines Wortes ziehen kann und wie das funktioniert, wird jeder LRS-Schüler es für sich nutzen.
Natürlich ist es das Langzeitziel, dass der Schüler schon während des Schreibens aufmerksam ist und bei schwierigen Wörtern (mal eben kurz) über die Verlängerung nachdenkt. Jetzt ist das aber noch zu viel verlangt. Üben Sie das gezielte Verlängern immer wieder, wenn Wörter schwierig erscheinen und daher besprochen werden. Im Moment ist allerdings fast jedes Wort schwierig und wenn man nur verlängert, kommt man gar nicht mehr voran.

6.2.5. Mitsprechen

Diese Methode ist für viele LRS-Schüler eine Offenbarung. Sie haben anscheinend noch nie bewusst eine Verbindung zwischen Denken und Schreiben wahrgenommen.

LRS-Kinder denken oft viel schneller als sie sprechen.

LRS-Kinder denken oft viel schneller als sie sprechen können und verhaspeln sich daher oder lassen Wörter aus. Wie soll so ein Schnelldenker, der außerdem nur mühsam schreibt, im gleichen Rhythmus denken und schreiben? Das ist wirklich eine Herausforderung.
Egal was ein Kind schreibt, es soll versuchen, laut mitzusprechen. Zuerst ist es mit einzelnen Nomen genug gefordert. Wenn es ihm gelingt, sicher jedes

© AOL-Verlag

(lautgetreu geschriebene) Nomen beim Schreiben mitzusprechen bzw. beim Sprechen mitzuschreiben, gehen Sie zu ganzen Sätzen über.
Mein Lieblingswort für diese Übung ist „Arzt". Jedes Kind weiß, das ist irgendwie schwierig und kompliziert. Irgendetwas mit t und z. Bei der Mitsprechübung geht es bis zum r gut. Dann wird auf „Hilfe, schwierig" geschaltet und meistens „Artzt" geschrieben.
Wer wirklich konsequent das Mitsprechen anwendet, lässt bald keine Buchstaben mehr aus, denn jeder Buchstabe (Laut), der gedacht oder gesprochen wird, wird ja auch geschrieben.
Wenn es ganz schwierig ist, helfen Sie, indem Sie sprechen, während der Schüler jeden gesprochenen Buchstaben (Laut) schreibt oder indem Sie jeden Buchstaben (Laut) aufschreiben, den er (deutlich) spricht. So begreifen auch diejenigen diese Technik, die bisher meinten, dass es unmöglich ist, beim Schreiben mitzusprechen.
Gerade wenn ein Kind zu den Schnelldenkern gehört, ist es wahrscheinlich eine komplett neue Art zu schreiben und eine solche Umstellung kann nicht von einem Tag auf den anderen gelingen. Eltern, die mit ihrem Kind zusätzlich üben möchten, können diese Technik immer wieder, besonders bei langen Wörtern, ausprobieren. Sie sollten zuhören, wenn ihr Kind mitspricht, und kontrollieren, ob Sprechen und Schreiben wirklich im gleichen Rhythmus geschehen.

Lautgetreue Übungswörter
Nagel, Blume, Leben, Kastanie, Jubel, Hose, Gartenzaun, Flügel, Dosen, Sauberkeit, Ameisenhaufen, Polarkreis, Reisetasche, Oberbürgermeister, Hafenmauer, Tageszeitung, Rasensprenger, Eisenwaren, Kartenlegerin, Malerpinsel

6.2.6. Korrekturlesen

Korrekturlesen muss sein, auch wenn es lästig ist. Ein Text ist geschrieben – egal ob Brief, Hausaufgaben oder Klassenarbeit. Es war harte Arbeit, es ist erledigt und damit abgeschlossen. „Bloß weg damit. Das will ich nie wieder sehen. Wird ja sowieso wieder eine Fünf oder Sechs." Das sind verständliche Gedanken, obwohl es nicht so schlimm sein müsste. Ob sich der Aufwand, seinen Text Korrektur zu lesen, für die Möglichkeit lohnt, eine Vier zu bekommen, testet ein rechtschreibschwaches Kind gar nicht erst.

© AOL-Verlag

„Es geht immer so schnell. Ich habe gar keine Zeit zum Durchlesen“, heißt es bis in die oberen Klassen. Ob es vielleicht möglich wäre, die Lehrkräfte um mehr Zeit zu bitten? Aber so ist es besser. Nur weg mit dem blöden Text! Und die Lehrer sind schuld, weil sie einen ja nicht lassen (was man sowieso nicht will).
Es empfiehlt sich, die Kinder, zuerst einmal für kurze Texte, umzustimmen. Hier geht es nicht darum, ein Diktat zu schreiben, sondern darum zu lesen und zu überprüfen, was man geschrieben hat.
Überfordern Sie die Schüler damit nicht. Schließlich haben Sie versprochen, keine Diktate zu schreiben. Es ist besser, nur einen Satz zu schreiben, diesen wirklich gründlich zu korrigieren und zu merken, dass man aus eigener Kraft (fast) fehlerfrei schreiben kann, als den Mut zu verlieren, weil es so mühsam ist.
Wichtig ist, dass Sie die Kinder erst einmal anhand der Liste (aus Kapitel 2.6. im „Lernprogramm“) allein korrigieren lassen. Sie können die Wörter, bei denen sie nicht sicher sind, herausschreiben. Helfen Sie bei Bedarf mit kleinen Tipps: Kann man das verlängern? Probier es mal mit Mitsprechen.
Das Ziel ist, dass die Kinder merken, dass sie viele Wörter richtig schreiben können und dass sie lernen, die Wörter, die ihnen Schwierigkeiten bereiten, zu erkennen. In höheren Klassen ist es manchmal erlaubt, ein Wörterbuch zu benutzen. Dann ist es wichtig, schnell herauszufinden, was man nachschlagen möchte.

Das Schreiben ist viel schneller erledigt als ein so ausführliches Korrekturlesen. Manchmal ist es sinnvoll, einen korrigierten Text noch einmal abzuschreiben. Wenn es wirklich nur wenige Sätze sind, sieht das Kind dann deutlich, wie gut es war.
Wer diese Korrekturmethode anwendet, schreibt am besten nur in jede zweite Zeile, damit Haken, Silbenbogen und Verbesserungen Platz haben. Das Ergebnis kann sich sehen lassen. Es ist in jedem Fall wesentlich besser als „normal“ und könnte wohl mit manchen Arbeiten der Klassenkameraden konkurrieren. Erwarten Sie aber deshalb nicht, dass die Kinder von nun an alles so durcharbeiten. Es ist und bleibt lästig und anstrengend, eine scheinbar unüberwindbare Hürde. Von Zeit zu Zeit sollten Sie aber anhand kurzer Texte (von zwei bis vier Zeilen) so üben. Die Erfolge dabei sollen Mut machen, daher ist hier wirklich viel Lob angebracht.

© AOL-Verlag

Wenn Schüler so feststellen, dass es möglich ist, eigene Fehler zu finden, trauen sie sich auch in Klassenarbeiten daran. Dazu brauchen sie aber viel Zeit und am besten auch Abstand von der Arbeit.
Ein LRS-Schüler, der an einem der folgenden Tage seine Texte korrigieren darf, ist konzentrierter und findet hoffentlich viele seiner Fehler. Eine motivierende Beurteilung für diese Leistung spornt mehr an als die üblichen Worte: „Die Rechtschreibung wurde wegen LRS nicht gewertet." Hier fehlt verständlicherweise die Motivation. Es nützt nichts, weil es sowieso keine Note gibt, und es ist mühsam.

Bessere Schrift durch den richtigen Stift

„Wichtig ist, dass man sieht, dass du überzeugt bist, es richtig gemacht zu haben. Also niemals so rumschmieren, dass dein Lehrer entscheiden muss, was du gemeint haben könntest. Das ist normalerweise sowieso ein Fehler."
Oft plagen sich Kinder mit ihren Stiften. Man muss immer schütteln, damit Tinte fließt, oder den Stift ganz komisch halten, damit er überhaupt schreibt. Einige Füller kratzen so schrecklich über das Papier, dass man davon eine Gänsehaut bekommt. Das behindert den Schreibfluss. Wer seinen Stift oder Füller mag und sich beim Schreiben damit wohlfühlt, schreibt automatisch besser. Hier gibt es immer wieder einen wunderbaren Effekt, wenn ein Kind einen neuen Stift bekommt, den es selbst ausprobiert hat. Jeder, auch der Verfasser selbst, kann plötzlich alles viel besser lesen. Sprechen Sie gegebenenfalls mit den Eltern darüber.

6.3. Rechtschreibregeln nach kurzem Vokal

Bevor Sie im Unterricht mit diesem Abschnitt beginnen, sollten alle Schüler lange und kurze Vokale sicher unterscheiden können.

Verschiedene Konsonanten

Vergewissern Sie sich, dass die Begriffe „Vokal, Konsonant, lang, kurz" verstanden wurden.
Diese Übung macht eigentlich nie Probleme, denn die Unterscheidung von langen und kurzen Vokalen haben die Schüler ja schon gelernt.

© AOL-Verlag

Üblicherweise sprechen die Schüler die Wörter laut und testen so, ob sie mit langem Vokal blöd oder gut klingen. Klingen sie blöd, ist der Vokal kurz. Kinder, die wissen, dass hinter einem kurzen Vokal zwei Konsonanten folgen, zählen allerdings meistens nur ab. Sie lösen das Problem also eher mathematisch. Diese Vorgehensweise entspricht dem alten Muster: „Zettel ausfüllen und nicht auffallen. Sehe ich zwei Konsonanten hinter einem Vokal, dann mache ich unter den Vokal einen Punkt."
Wenn Sie das bei einem Kind bemerken, können Sie so vorgehen:

- Lassen Sie die Übung mündlich machen: „Hörst du einen kurzen oder einen langen Vokal?"
- Wählen Sie Wörter mit sch und ch. Hier nützt das Abzählen überhaupt nicht und das Kind muss tatsächlich die Länge des Vokals überprüfen.

Übungswörter zur Vokallänge mit sch und ch

langer Vokal: Dusche, Buch, knutschen, Sprache, Nische, er wusch sich, Wucher, Kuchen, Bücher, Plüsch, Rüschen, Fluch, Tuch, Lache (Pfütze), es brach, nach
kurzer Vokal: Tasche, Bach, Blech, Mischung, Kelch, Busch, Wäsche, Wache, Dach, Masche, Koch, Krach, Loch, Lasche, Tusche, Stachel, Böschung, löschen, Köcher, pochen, Tisch, Stich

Konsonantenverdoppelung

Die Konsonantenverdoppelung ist mit dieser Regel ganz einfach. Man kann sogar mit dem Verlängern überprüfen, ob es stimmt. Auch hier gilt natürlich: Wer abzählt ist schnell fertig und hat auch alles richtig. Lassen Sie sich die Wörter vorlesen. Zur Kontrolle soll jedes Wort einmal auch mit langem Vokal gesprochen werden. Klingt das wirklich komisch? Dann ist der Vokal also kurz und es müssen zwei Konsonanten dahinterstehen.

tz und ck

Hier erkennen Sie, wie wenig die Schüler lernen müssen. In fast allen Rechtschreibtrainings ist diesem Thema viel Raum gewidmet – im Lernprogramm nicht. Abgesehen davon, dass die Deutschen ihre Kinder mit diesen Besonderheiten (tz statt zz, ck statt kk) anscheinend ärgern wollen, die aber nicht schlimm sind, da sie in der Grundschule ausführlich geübt werden, ist nichts Außergewöhnliches daran. Nach dem kurzen Vokal folgen, wie üblich, zwei

© AOL-Verlag

Konsonanten. Das ist alles.
Sprüche wie „Nach l, m, n, r, das merke ja, steht nie tz und nie ck," brauchen die Kinder nicht. Wenn nach einem kurzen Vokal zwei Konsonanten zu hören sind, reicht das. Es darf dann kein weiterer dazuerfunden werden. Also: Bank, Warze ... Die Ausnahmen sollen lediglich deutlich machen, dass Wörter aus fremden Sprachen nicht nach der tz- bzw. ck-Regel geschrieben werden. Die Kinder müssen sie nicht lernen.

Besonderheiten bei Verben

Verben fordern die größte Aufmerksamkeit bei der Rechtschreibung. Sie ändern sich z. T. stark, wenn sie konjugiert werden. Gerade deshalb ist es wichtig zu wissen, dass der Infinitiv der Chef ist, der bestimmt, wie alle Mitglieder der Familie geschrieben werden. Beim Schreiben daran zu denken, den Infinitiv zu beachten, fällt schwer. Auch wenn das Prinzip klar ist, muss man es immer wieder ansprechen, damit es irgendwann selbstverständlich wird.
Hier ist eine kleine Grammatikeinheit erforderlich. Dabei ist es wichtig, dass die Kinder immer sicher sind, was die jeweiligen Begriffe bedeuten. Vergewissern Sie sich, dass niemand sich davor drückt nachzuschlagen oder zu fragen, wenn er nicht genau weiß, worum es geht.
Lernziel in diesem Kapitel ist aber nur, dass der Wortstamm der Verben gefunden wird. Alles andere sind Hilfsmittel, um zu verstehen, wie und warum das geschieht. Das bedeutet, Grammatikgegner sollten Sie nicht zu sehr plagen. Wenn alle Schüler die Übung am Ende des Kapitels sicher richtig machen, reicht es vollkommen aus.
Die Begriffe „Infinitiv" und „Wortstamm" werden jetzt immer wieder verwendet, die Kinder sollten sie kennen oder notfalls auch wieder nachschlagen, was sie bedeuten.

Adjektive mit kurzem Vokal

Genau wie bei den Verben gilt die Regel „Punkt, Strich, Strich" auch bei Adjektiven nur für den Wortstamm. Bei der Steigerung werden „-er" bzw. „-(e)sten" einfach an den Wortstamm angehängt.
Lassen Sie die Kinder ein paar Adjektive steigern, um zu prüfen, ob das stimmt.

© AOL-Verlag

Übungswörter
schnell, wild, fett, kalt, lang, mild, nett, platt, hell, bunt

Zusammenfassung
Mit diesem Abschnitt haben Ihre Schüler einen großen Schritt auf dem Weg aus dem Rechtschreib-Teufelskreis geschafft. Wie nützlich es ist, merken sie sehr schnell. Sie erkennen, dass es sich lohnt, diese eine Regel zu kennen und anzuwenden.
Nachdem die Kinder die Regel zur Schreibung von Wörtern mit kurzem Vokal beherrschen, entwickeln sie ganz viel Sicherheit, wenn sie darauf achten, wo diese Regel gebraucht werden kann.

6.4. Rechtschreibregeln nach langem Vokal

Die Unterscheidung von kurzen und langen Vokalen ist der Schlüssel zur Rechtschreibung.

6.4.1. Ohne Dehnungszeichen

Gehen Sie bei den Übungen ebenso vor wie bei den kurzen Vokalen.
Die folgenden zwei Regeln sind die allerwichtigsten:

- Nach einem kurzen Vokal folgen mindestens zwei Konsonanten („Punkt, Strich, Strich").
- Nach einem langen Vokal folgt höchstens ein (gehörter) Konsonant („Strich, Strich").

Sie stehen über jeder anderen Regel, sind also auch ausschlaggebend, wenn die Wortverwandtschaft auf etwas anderes schließen lässt.
Daher ist klar:

- Der „Kamm" hat ein kurzes a und daher zwei m.
- Er „kam" hat ein langes a. Egal, wie sein Infinitiv „kommen" geschrieben wird, es darf höchstens ein Konsonant nach dem langen a stehen.

Es lassen sich ganz viele angeblich schwierige Rechtschreibfragen mit diesen beiden Regeln beantworten. Man muss sich nicht jedes einzelne Wort, sondern nur zwei einfache Regeln merken.
Aus diesem Grund müssen die kurzen und langen Vokale beherrscht werden, aber der Aufwand lohnt sich wirklich.

© AOL-Verlag

Diese Regeln helfen bei vielen Entscheidungen. Häufig bestehen Zweifel, ob vielleicht ein r eingefügt werden soll, z. B. bei „Schwan". Da hier das a eindeutig lang ist (man kann den Mund beim Sprechen des a ganz weit aufmachen und das Wort klingt trotzdem gut), darf nur ein Konsonant folgen. Da entscheidet man sich doch für das n, das man ja hört. Wer sich beispielsweise bei „Park" und „Garten" (im Norden als „Paak" und „Gaaten" gesprochen) unsicher ist, ob ein r nach dem a steht, kann den Plural bilden.

Kurze und lange Vokale durch Verlängern erkennen

Nomen im Plural lassen oft deutlicher den Unterschied zwischen langem und kurzem Vokal erkennen. Das gilt besonders für die Frage, ob dem Vokal ein r folgt.

Park/Pak? – Parks	also: Park
Garten/Gaten? – Gärten	also: Garten
Varter/Vater? – Väter	also: Vater
Schwarn/Schwan? – Schwäne	also: Schwan

Der Vokal bei „Parks" und „Gärten" ist jeweils kurz, also folgen zwei Konsonanten, bei „Väter" und „Schwäne" ist er lang, also folgt nur ein Konsonant. Einen „Varter" oder „Schwarn" kann es also nicht geben.

Es gibt eine Möglichkeit, selbst festzustellen, wie ein Wort richtig geschrieben wird.

Das beeindruckt LRS-Schüler oft. Es gibt eine Möglichkeit, selbst festzustellen, wie ein Wort richtig geschrieben wird. Bisher wussten sie zwar, dass das Wort schwierig war, hatten aber außer zu raten keine Lösungsmöglichkeiten.

6.4.2. Stummes h

LRS-Schüler haben mit dem stummen h oft Schwierigkeiten. Auf die Frage, was sie vom stummen h halten, lauten die Antworten z. B.:

- *Überflüssig.*
- *Nur da, um Kinder zu quälen.*
- *Kann ich.*
- *Kein Problem.*
- *Mache ich nach Gefühl.*
- *Gibt es da eine Regel?*

© AOL-Verlag

- *Das hört man doch, wo man es schreiben muss.*
- *Habe ich nie kapiert.*
- *Ich habe alle Wörter mit h auswendig gelernt.*

Wenn sie herausgefunden haben, wie leicht es ist, nur darauf zu achten, ob dem langen Vokal ein l, m, n oder r folgt, sehe ich oft strahlende Kinderaugen. „Ich habe es verstanden. Ich wende es an und es stimmt." Das sind wunderbare Erfahrungen.
Das stumme h ist eigentlich relativ selten. Eins meiner Mathegenies rechnete mal schnell und stellte fest:

- Es gibt 26 Buchstaben, dazu noch ä, ö und ü. Das sind also 29 Buchstaben.
- Ein stummes h darf nur dann stehen, wenn l, m, n oder r dem langen Vokal folgen. Das sind 4 Buchstaben.
- Das bedeutet, dass in 86 % der Fälle kein stummes h steht. Warum regen sich dann alle so darüber auf?

(Dass man „Fehde" und „Draht" [von „drehen"] mit h schreibt, verschweige ich den Kindern.)

Zusammenfassung

Das Anspruchsvollste, was sich ein Schüler im Lernprogramm merken muss, ist „sch, sp, qu, t, kr, gr: Im **sch**önen **gr**ünen **T**al sind **Kr**ümel-**Sp**uren eine **Qu**al." Es ist nicht zu ändern. Wortstämme, die so beginnen, enthalten kein stummes h und es ist gut, das zu wissen. Alle anderen Regeln sind einfacher und besser zu verstehen. Wenn man sie oft wiederholt, merken sich die Schüler auch diese sechs Wortstammanfänge. Viele schreiben sie auf einen Zettel und legen ihn in die Federtasche, um bei Bedarf nachzusehen oder merken sie sich mithilfe des Spruches.

Diagramm: langer/kurzer Vokal

Lassen Sie Ihre Schüler das Diagramm als Hilfsmittel benutzen, besonders wenn sie Texte korrigieren sollen. Fast alle deutschen Wörter kann man damit richtig schreiben. Konsonantenverdoppelung und Dehnung sind die schwierigsten Rechtschreibthemen. In der Theorie kennen die Kinder sie jetzt. Ermutigen Sie sie immer wieder, diese Regeln anzuwenden. Wenn es möglich ist, vereinbaren Sie mit den Deutschlehrern, dass Ihre Schüler die-

© AOL-Verlag

ses Diagramm als Hilfsmittel (Nachteilsausgleich) jederzeit benutzen dürfen. Dadurch werden sie zwar nicht sofort fehlerfreie Texte schreiben, aber doch eine gewisse Sicherheit in Bezug auf das bisher Gelernte entwickeln. Das ist schließlich das Ziel.
Wenn die Korrekturen der Klassenarbeiten in der vorgeschlagenen Form durchgeführt werden dürfen, können die Kinder erkennen, ob sie die Regeln schon umsetzen. Wenn sie das schaffen, werden sie jetzt schnell merken, dass Rechtschreibung sehr wohl zu lernen ist. Das macht Mut zum Weitermachen.

Ausnahmen zum stummen h

Diese Ausnahmen müssen nicht wirklich auswendig gelernt werden. Vielmehr ist es bei einigen Wörtern so, dass die Kinder sie „automatisch" richtig schreiben. Daher ist es wichtig, sie (relativ kurz nachdem die Regeln geübt wurden) zu besprechen. Sonst ist die Verwirrung nämlich schädlicher als der Lernerfolg. Zu diesen Ausnahmewörter gehören z. B. „Bär", „Blume", „Name", „König" und „Strom".
Es ist nicht schlimm, wenn diese Wörter mit h geschrieben werden. Schlimmer ist es, wenn (wie hier bei einem Achtklässler) solche Gedanken auftauchen: „Kule oder Kuhle? „Hm. Nach der Regel müsste man das mit h schreiben. – Aber was soll's." Er schrieb Kule.
Entscheiden Sie, welche der Ausnahmewörter Sie mit den Kindern besprechen. Das hängt natürlich auch von der Klassenstufe ab.
Eine gute Möglichkeit, sich solche Wörter einzuprägen, ist das Lernwörter-Training à la Tabu, das im Kapitel 5.3.3. beschrieben wurde. Die Schüler denken wirklich über die Wörter nach, das prägt sich besser ein als mehrmaliges Abschreiben. Die Ausnahmewörter sollten Sie ab und zu wiederholen, besonders die wichtigsten, nämlich „holen" und „hören".

6.4.3. ie, Doppelvokale, vokaletrennendes h

Das lang gesprochene i

Viele Kinder fürchten das i bzw. ie. Aber da sie jetzt den Unterschied zwischen kurzem und langem i kennen (das lange i klingt so wie der Laut, den Mädchen machen, wenn sie eine Spinne sehen), verschwindet jeder Schrecken.

© AOL-Verlag

Es ist ganz leicht:

- Kurzes i: Nach i folgen zwei Konsonanten.
- Langes i: Nach ie folgt nur ein Konsonant.

Das bedeutet also auch:

- Wenn nach dem i zwei Konsonanten zu hören sind, ist es kurz und wird i geschrieben.

Mit den wenigen Ausnahmen gehen Sie einfach so vor wie bei den Ausnahmen zum stummen h. Statt mit Tabu-Karten zu spielen, können die Wörter auch von der Gruppe besprochen werden. Jeder kann sagen, warum er glaubt oder weiß, warum hier ein langes i nicht als ie geschrieben wird, z. B. weil ein Wort auf Englisch genau so oder sehr ähnlich heißt und Engländer kein ie verwenden (jedenfalls nicht wie im Deutschen für das lange i). So haben „Bibel“ und das englisch „bible“ denselben Ursprung und werden daher beide ohne ie geschrieben. Und eine Sicherheit bleibt: Ein kurzes i wird niemals als ie geschrieben.

Doppelvokale

Die Wörter mit Doppelvokalen muss man leider lernen. Man muss sie aber nicht alle aufsagen können, sondern sie nur erkennen, wenn sie einem begegnen. Auch hier bietet sich das Lernwörter-Training à la Tabu an. Es macht Spaß und wenn Sie es gelegentlich wiederholen, merken Sie, wie gut die Schüler die Wörter behalten haben.

Zusammenfassung: lange Vokale

Auf nur einem Blatt finden die Schüler alle Regeln und Ausnahmen zu den langen Vokalen. Die Regel zu den kurzen Vokalen kennen sie ebenfalls. Ermutigen Sie sie immer wieder zu kontrollieren, ob diese Regeln wirklich stimmen. Ermutigen Sie sie, bei Berichtigungen erst einmal nur auf diese Regeln zu achten. Wichtig ist, dass die Schüler Fortschritte sehen.

h am Wortstammende/vokaletrennendes h

Beim vokaletrennenden h wird die Verlängerung gebraucht. Nomen müssen oft im Plural gebildet werden, Verben im Infinitiv und Adjektive muss man steigern, um das h zu hören. Natürlich kann keiner beim Schreiben jedes Wort in Gedanken verlängern, aber die Schüler sollen lernen, bei Verdacht diese Kontrolle zu machen.

© AOL-Verlag

Wer das Prinzip verstanden hat, freut sich, dass er mit absoluter Sicherheit Wörter wie
er „spürt“ (von „spüren“, beginnt mit sp, also kein stummes h),
er „sprüht“ (von „sprühen“, vokaletrennendes h),
er „späht“ (von „spähen“, vokaletrennendes h) und
er „spült“ (von „spülen“, beginnt mit sp, also kein stummes h)
richtig schreibt und es auch beweisen kann.

Regeln anwenden

Spätestens bei den Quatschwörtern stellt sich heraus, ob Kinder sich ganz auf die Rechtschreibregeln aus diesem Lernprogramm eingelassen haben. Viele LRS-Schüler kommen lange mit der Methode „sieht gut aus / sieht komisch aus“ bei einfachen Wörtern zurecht. Es lässt sich nicht feststellen, warum sie (fast) alles richtig geschrieben haben. Für die Grundschulanforderungen reicht diese Methode oft. Im Laufe der Zeit werden aber immer mehr Wörter geschrieben, die die Kinder noch nie zuvor gesehen oder geschrieben haben. Jetzt stellt sich heraus, dass kein Regelwissen vorhanden ist.
Als meine Schüler „Fähre“ schreiben sollten, gab es, wie es oft der Fall ist, verschiedene Meinungen. Einer war überzeugt: „Fehre, 100 %.“ Auf die Frage, was er als Wetteinsatz bieten würde, wischte er „100 %“ weg. Ein Mädchen erklärte: „Es kommt von ‚fahren‘“, woraufhin alle, bis auf den einen, Verbesserungen vornahmen. Er überlegte kurz und sagte dann: „Ich bleibe trotzdem dabei.“ – Er brauchte noch ein paar Beweise, bis er bereit war, seine alten Techniken aufzugeben.
Wer die Quatschwörter richtig schreibt, wird die Regeln auch gut für normale Wörter anwenden können. Dabei ist es wichtig, dass alte, falsche Bilder abgebaut werden – wie im Kapitel 5.3.1. beschrieben.

6.5. Besonderheiten

s/ss/ß

Wenn lange und kurze Vokale sicher unterschieden werden können, sind auch die s-Laute kein Problem mehr. Wie für die Konsonantenverdoppelung ist auch hier kein Üben von einzelnen Wörtern oder langen Listen nötig. Wer nutzt, was er weiß, wird durch s, ss und ß nicht mehr verwirrt.

© AOL-Verlag

Wichtig ist, dass die Schüler die Angst vor den s-Lauten verlieren und der neuen Regel vertrauen. Besonders schwierig wird es mit den s-Lauten bei Verben, da hier immer das Wortstammprinzip beachtet werden muss. Dies wird aber noch einmal gesondert geübt. Beim Schreiben von Nomen, Verben im Präsens und Adjektiven können die Kinder ausprobieren, ob die Regel wirklich stimmt und sie dann überzeugt anwenden.

Diphthong und Wörterbucharbeit

Lassen Sie Ihre Schüler immer wieder schwierige Wörter im Wörterbuch nachschlagen. Es geht bei diesen Übungen nicht nur darum, die Bedeutung der Wörter oder ihre Schreibweise zu kennen, sondern auch um den sicheren Umgang mit dem Wörterbuch. Hier finden sie zusätzliche Verwandte zu den „eih“-Wörtern und die Bedeutung der Nomen, die mit ai geschrieben werden. Gerade „Weise“ ist ein gutes Beispiel dafür, dass im Wörterbuch manchmal mehr steht, als die Kinder von sich aus wissen.

Alle Schüler der 5. Klasse können das Abc aufsagen oder singen. Um die Position eines Buchstaben zu bestimmen, wird es normalerweise bei A beginnend gesprochen, zumindest in Gedanken.

Durch das Besprechen, das Vorwärts- und Rückwärtsaufsagen und häufiges Wiederholen kleiner Sequenzen von sechs bis acht Buchstaben gelingt es, einen besseren Überblick zu gewinnen. Zumindest sollte eingeschätzt werden können, ob ein Buchstabe eher am Anfang, in der Mitte oder am Ende des Alphabets zu finden ist. Für die Arbeit mit dem Wörterbuch ist das unerlässlich.

Besondere Laute und Buchstaben

Einige Buchstaben verunsichern die Kinder. Sie haben sie in der 1. Klasse gelernt, z. T. aber kaum benutzt. Besonders das Y verwirrt. Man spricht es wie ü („Typ“), j („Yeti“) oder i („Handy“). Nicht ganz so schwierig sind j, q, v, z, ä, ö, ü und c.

Nehmen Sie sich die Zeit, alle schwierigen Buchstaben zu besprechen. Beim Schreiben müssen die Kinder dann nicht mehr innehalten, um darüber nachzudenken. Häufig geschieht es nämlich, dass ein LRS-Schüler durch einen schwierigen Buchstaben oder ein schwieriges Wort so irritiert wird, dass er überhaupt nicht weiterlesen oder -schreiben kann.

© AOL-Verlag

Nicht selten verursacht beispielsweise ein y, wie in „Typ“, eine solche Denkpause oder Verwirrung: „Kann das sein? Ich erinnere mich, dass man ‚Typ‘ so schreibt, aber es klingt doch wie ü. Vielleicht doch ‚Tüp‘?“

Buchstaben analysieren

Beschäftigen Sie sich mit den Buchstaben, bis keine Unsicherheiten in Bezug auf ihre Position im Alphabet, ihre Schreibung und Aussprache bestehen. Fünft- und Sechstklässler benötigen dazu eigentlich nur ein paar Anregungen.

- Wie sieht der Buchstabe aus?
- Kneten ist eine gute Möglichkeit, um sich über die Form wirklich klar zu werden.
- Wo kommt diese Form sonst noch vor?
- J sieht aus wie ein Hockeyschläger, Y wie eine Steinschleuder.
- Welche Wörter beginnen mit dem Buchstaben? (Hier hilft das Wörterbuch.)
- Wie klingt der Buchstabe?
- Klingt er immer gleich?
- Welche Eigenarten und Besonderheiten hat dieser Buchstabe?

Bei Bedarf sollte ein Schüler für jeden schwierigen Buchstaben ein Bild, ein Poster oder eine Collage anfertigen, auf dem/der alles zu sehen ist, was ihm zu diesem Buchstaben oder Laut einfällt. Das kann ausnahmsweise zu Hause gemacht werden, wenn die Eltern mit ihrem Kind arbeiten wollen oder das Kind so viel Spaß daran hat, dass es das allein tut. Solche Bilder eignen sich auch als Gruppenarbeit.

Diagramm

Überlegen Sie gemeinsam, wie viele Regeln die Kinder bis hierher lernen mussten, um so sicher die meisten Wörter schreiben zu können. Bis auf „sch, sp, qu, t, kr, gr“ werden sie wahrscheinlich damit keine Schwierigkeiten haben. Fragen Sie immer wieder nach, warum ein Schüler ein Wort so schreibt, auch wenn es richtig geschrieben wurde. Die häufigsten Antworten lauten: „Weil der Vokal kurz ist“ (z. B. „Ball“) oder „Weil der Vokal lang ist, man dahinter ein l hört und der Wortstamm nicht mit den verbotenen Buchstaben anfängt“ (z. B. „Kehle“).

© AOL-Verlag

Das Kind kann mit Überzeugung seine Schreibweise vertreten.

Wichtig ist, dass jedes Kind mit absoluter Überzeugung seine Schreibweise vertreten kann. Es muss nicht mehr raten. Es muss sich durch Nachfragen auch nicht mehr verunsichern lassen. Fördern Sie dieses Gefühl so oft wie möglich.
Wenn die Schrift schlecht ist, geben Sie den Hinweis, dass doch so vieles jetzt richtig geschrieben ist und es schön wäre, wenn man das deutlicher erkennen könnte.

Das Diagramm können die meisten Schüler selbstständig ergänzen. Das zeigt, dass sie die Vorgehensweise verstanden haben, die nötig ist, um die gelernten Regeln anzuwenden. Bei Problemen besprechen Sie mit den Schülern, welche Frage zuerst sinnvoll wäre und wie die Antworten lauten müssten.

6.6. Verben richtig schreiben

Dieses Kapitel, Verben richtig schreiben, ist sehr anspruchsvoll. Die Verben sind z. T. wirklich nicht einfach. Allerdings ist hier wenigstens die deutsche Sprache nicht die einzige, die gemein ist. Unregelmäßige Verben gibt es auch in anderen Sprachen. Bei den deutschen haben wir den Vorteil, dass wir ihre Aussprache kennen und ihre Schreibweise verstehen können.

Im Eifer des Schreibens passiert es aber immer wieder, dass diese Regeln vergessen werden. Das ist normal, denn wenn man fantasievolle Geschichten denkt und (möglichst) mitsprechend aufschreibt, kann man nicht bei jedem einzelnen Verb innehalten und über seinen Infinitiv nachdenken. Beim Korrekturlesen ist das aber möglich.
Wenn Konsonantenverdoppelung, stummes h, ie, vokaletrennendes h und die s-Laute einigermaßen zuverlässig erkannt werden, können Sie mit den Verben im Lernprogramm fortfahren.
Wenn Sie dieses Kapitel im Moment für zu anspruchsvoll halten, überspringen Sie es erst einmal und machen bei den Wortbausteinen weiter.

© AOL-Verlag

Die größten Schwierigkeiten bereiten bei Verbformen die s-Laute und das h. Die Konsonantenverdoppelung ist, wenn man die kurzen Vokale und die Verb-Endungen erkennen kann, unproblematisch.
Wichtig: Stärker als alle Verwandtschaft sind immer die Regeln „kurzer Vokal: zwei Konsonanten, langer Vokal: ein (gehörter) Konsonant".
Daher sind auch „kommen – kam – gekommen" keine Ausnahmen oder Lernwörter.

6.7. Wortbausteine

Wortbausteine verstehen Kinder am besten, wenn sie kreativ sein dürfen. Anregungen, wie die Schüler mit Karteikarten üben können, finden Sie im Kapitel 5.3.
Um eine Vorsilbe sicher zu erkennen, bietet es sich an, zuerst einmal viele Wörter mit dieser Vorsilbe zu bilden, z. B. in alphabetischer Reihenfolge. Wer mit Bewegung übt, erhöht die Aufmerksamkeit und erfüllt gleichzeitig selbstverständlich die Aufgabe. Außerdem ist es eine willkommene Abwechslung. Das geht z. B. gut, indem man einen Ball weiterwirft, sobald man ein Wort gesagt hat.
Vor-ahnung, vor-bei, Vor-dach, vor-eilig ...
Neben dem sicheren Erkennen der Vorsilbe übt man so wieder einmal das Alphabet. Wenn es zu leicht ist, kann man auch von hinten anfangen:
vor-zeigen, Vor-warnung, Vor-verhandlung ...
Wichtig ist, dass die Schüler ein Gefühl dafür bekommen, was eine Vorsilbe ist. Bei Vorsilben ist es einfach, im Wörterbuch nachzusehen, ob es für einen Buchstaben tatsächlich kein Wort mit dieser Vorsilbe gibt. Bei Nachsilben ist das nicht möglich. Notfalls einigt man sich einfach, dass keinem etwas einfällt und man daher den nächsten Buchstaben nimmt.

„vor-" oder „for-"?

Hier fällt mir immer wieder der Spruch ein, den eine meiner Schülerinnen in einer Lerntherapie eingeübt hatte:
„‚Ver-' und ‚vor-', ich bin ja schlau, schreib ich immer mit 'nem v. – Und dann kam noch was mit fünf Ausnahmen, aber die weiß ich nicht mehr."

© AOL-Verlag

Solche Sprüche können manchmal mehr verwirren als nützen. Das Prinzip der Vorsilben gilt immer und muss daher nicht für jede einzelne Vorsilbe gelernt werden. Wichtig ist nur: Die Vorsilben „ver-“ und „vor-“ schreibt man mit v. Einer meiner Schüler sagte nach dieser Lerneinheit: „Ich bin so glücklich.“ Auf die Frage, warum, antwortete er: „Weil ich jetzt endlich weiß, wann man „for-“ mit Vogel-F und wann mit Fisch-V schreibt.“

Wortfamilien mit „for-“

Mit „for-“ beginnen mehrere Wortfamilien. Man kann danach im Wörterbuch suchen. Die wichtigsten sind „form-“ und „fort-“. Die Wortfamilie „form-“ hat irgendetwas mit der „Form“ zu tun, dazu gehören auch Wörter wie „formulieren“ oder „Format“; „fort-“ hat meist die Bedeutung von „weg“ oder „weiter“.
Beide unterscheiden sich auch bei Zusammensetzungen klar von der Vorsilbe „vor-“. Als die „vor-“-Wörter in alphabetischer Reihenfolge gebildet wurden, hätte schließlich niemand, der mit m oder t an der Reihe war, „Vor-m“ oder „Vor-t“ gesagt. Stattdessen wählt man lieber „vor-machen“ oder „vorturnen“.
Bei den Übungen gilt wieder das Prinzip, dass das Verstandene ausprobiert wird und dadurch Sicherheit entsteht:
Frage: „vor“ oder „for“? – Überprüfung: Vorsilbe oder nicht? – Aha! – richtig schreiben

Überprüfen der Rechtschreibung

Egal welches deutsche Wort geschrieben wird, mit den wenigen bekannten Regeln können die Schüler beweisen, dass sie mit ihrer Schreibweise recht haben. Diese Art, Wörter zu zerlegen und so zu überprüfen, sollte immer wieder ausprobiert werden. Aussagen wie „Ich glaube, das ist so richtig,“ oder „Das sieht sonst doof aus,“ sollten jetzt nicht mehr vorkommen.

6.8. Verwechslungsgefahr

Buchstaben und Laute

Inzwischen sind Sie Experte im Umgang mit dem Lernprogramm. Dieser Abschnitt ist relativ langweilig, daher sind Sie gefragt, wenn es darum geht,

© AOL-Verlag

wie er bearbeitet wird. Seien Sie kreativ. Mit Malen, Bewegung, Spielen u. Ä. kann auch dieser recht mühsame Stoff interessant sein.
Die Kinder sollen nicht irgendwelche Wortlisten auswendig lernen. Es geht darum, sich einmal bewusst zu werden, dass es diese Laute und Buchstabenkombinationen überhaupt gibt, in welchen Wörtern sie vorkommen und wie man sie schreibt. Gerade in der 5. Klasse sind qu- und x-Laute oft beinahe unbekannt. Sie verlieren ihren Schrecken und lösen keine Verwirrung mehr aus, wenn man sich einmal etwas intensiver mit ihnen beschäftigt hat. Ideal dafür ist das Lernwörter-Training à la Tabu.

Teekesselchen

Bei Trainingsprogrammen für Rechtschreibung und Lerntherapien wird oft darauf hingewiesen, dass man Wörter, die gleich klingen, aber unterschiedlich geschrieben werden, nicht gleichzeitig lernen soll, um die Ähnlichkeitshemmung zu vermeiden. Ihre Schüler kennen aber jetzt die Rechtschreibregeln, die ihnen helfen, (fast) alles richtig zu schreiben. Sie kennen auch viele Ausnahmen und das Prinzip der Wortbausteine. So ist dieser Abschnitt im Wesentlichen eine Wiederholung und zeigt gleichzeitig, wie sicher der Umgang selbst mit so schwierigen Wörtern inzwischen ist.

6.9. Zusammen oder getrennt?

Für diese Thematik gibt es so viele Rechtschreibregeln, Ausnahmen u. Ä., dass es sinnlos wäre, LRS-Schüler damit zu belasten. Die einfachste Regel ist: Entspannt euch und schreibt getrennt oder zusammen nach Gefühl. Dieses Gefühl kann man aber ein bisschen unterstützen:

- Ist es ein Bunt, ein Specht oder ein Buntspecht?
- Wörter ändern sich beim Deklinieren nicht in der Wortmitte. Also: Es gehört „dem Deutschlehrer“, aber „dem deutschen Lehrer“.
- Ist es ein Unterschied, ob wir „schließen“ oder „abschließen“?
- Ist es ein Unterschied, ob wir „fahren“ oder „wegfahren“?
- Hat „schiefgehen“ etwas mit „gehen“ (also einen Fuß vor den anderen setzen) zu tun oder hat es eine neue Bedeutung? (Es hat eine neue Bedeutung, daher ist es ein eigenes neues Wort, das man als ein Wort schreibt, also zusammen.)

© AOL-Verlag

- Hat einen Ball „wieder holen“ die Bedeutung von „holen“ oder eine neue Bedeutung? (Hier hat es die Bedeutung von „holen“, daher schreibt man getrennt.)

Zur Beruhigung: Sehr oft, wenn man sich nicht sicher ist und daher im Wörterbuch nachsieht, steht dort, dass beides möglich ist.
Legen Sie also keinen gesteigerten Wert darauf, dass dieses Thema ausführlich bearbeitet und ab dann fehlerfrei beherrscht wird. Wichtiger ist, die Angst davor zu verlieren. Dann verwirren die Fragen, ob getrennt oder zusammengeschrieben werden muss, nicht mehr. Diese Unsicherheit und Verwirrung würde sonst wieder zu falschen (umständlichen) Denkansätzen führen, die ja eigentlich nicht mehr vorkommen sollen.

zu in Infinitivgruppen
Ganz gemein finden viele LRS-Schüler das kleine Wörtchen „zu“. Sie müssen ihre Angst davor verlieren und einsehen, dass so ein kleines Wort überhaupt keine Macht hat, weder über Wörter noch über Kinder.
Hier bewähren sich Farben, die den Unterschied zwischen der Präposition „zu“ und der Vorsilbe „zu-“ verdeutlichen.
Wenn die Schüler das Prinzip verstanden haben, müssen sie zwar noch ein bisschen Routine entwickeln, aber einfach „üben, bis du es kannst“ bringt nichts.

6.10. „das“ oder „dass“?

Erinnern Sie sich an das Beispiel zur Groß- und Kleinschreibung, in dem ein Schüler sich genau an die Regel hielt, die er in der Schule gelernt hatte und trotzdem in einem Satz sechs Fehler machte? Die Frage „‚das‘ oder ‚dass‘?“ verleitet zu ähnlich überzeugten Fehleinschätzungen.

- *Immer, wenn ich nicht „dieses, jenes oder welches“ sagen kann, muss ich „dass“ schreiben.*
  - Haben Sie ein Kind jemals beim normalen Sprechen „jenes“ oder „welches“ sagen hören?

© AOL-Verlag

- *Nach einem Komma steht immer „dass".*
  - Wer sagt, wo ein Komma steht?
  - Auch das Relativpronomen „das" steht hinter einem Komma.
  - „Dass" kann auch am Satzanfang, also hinter einem Punkt stehen.

Am besten wäre es wieder einmal, alle falschen oder unbrauchbaren Regeln zu löschen und neu zu beginnen. Es ist nicht so schwierig, wie es auf den ersten Blick erscheint, man muss sich nur darauf einlassen.
Da „das/dass" Stoff der Sekundarstufe ist und eigentlich mit allen anderen Rechtschreibregeln nichts zu tun hat, kann es aber auch vorkommen, dass ein Kind mit dieser Unterscheidung keine Schwierigkeiten hat, weil es im Unterricht aufgepasst und alles verstanden hat. Wenn dieses Thema im Regelunterricht noch nicht besprochen und geübt wurde, wägen Sie ab, ob Sie das abwarten oder Ihre Schüler schon einmal damit vertraut machen.
Generell ist es wichtig, dass die Schüler merken, dass sie den Anschluss an ihre Klassenkameraden geschafft haben oder auf dem Weg dahin sind. Sie befinden sich schon lange im „Rechtschreib-Erfolgskreis" und sollten das nutzen, indem sie im Regelunterricht gut mitmachen, besser werden und die Angst davor verlieren, Fehler zu machen.

Das Thema „das/dass" kann man wunderbar zur Beobachtung der Verhaltensmuster nutzen.

- Grammatikspezialisten glänzen.
- Verzweifelte versuchen verzweifelt, irgendetwas zu begreifen.
- Die meisten schalten ihr Gehirn auf Stand-by und warten darauf, dass endlich etwas Spannenderes passiert. Sie können die Regel mit „dieses, jenes, welches" längst.

Wenn sie sich darauf einlassen, stellen sie verblüfft fest, dass auch andere Methoden zum richtigen Ergebnis führen, sogar sicherer. Außerdem merken sie, dass das Thema gar nicht so unbezwingbar ist, wie es immer erschien.

- Artikel erkennt eigentlich jeder Schüler.
- Demonstrativpronomen ersetzen Nomen im Satz. Sie können also durch ein Nomen, aber auch durch „dies" ersetzt werden. Beispiel: Das gefällt mir. = Dies gefällt mir. = Die Beschreibung gefällt mir.

© AOL-Verlag

- Relativpronomen leiten Relativsätze ein. Ein Relativsatz erklärt ein Nomen oder Pronomen, das vor dem Relativsatz steht, näher.
- Die Konjunktion „dass" leitet einen Nebensatz ein, der geschrieben werden muss, weil ein Verb es erfordert.

Es sollte zur Gewohnheit werden, aufmerksam zu sein, sobald ein Verb, das einen dass-Satz erfordern kann, geschrieben wird. Dazu lassen sich mit dem „Knickspiel" (Kapitel 5.3.4.) Übungen machen, die auch den dass-Muffeln gefallen. Man kann auch diese Anweisungen benutzen:

1. Artikel
2. Adjektiv
3. Nomen im Singular (Person oder Tier, keine Namen)
4. Verb (das einen dass-Satz erfordert, 3. Person Singular), dass
5. Artikel
6. Adjektiv
7. Nomen (Person oder Tier, keine Namen)
8. Verb (3. Person Singular)

Dabei kommt dann vielleicht so etwas heraus:
Der gruselige Kamel behauptet, dass die zahnlose Zahnarzt kegelt.
Vorgelesen wird: Das gruselige Kamel behauptet, Komma dass der zahnlose Zahnarzt kegelt.

Wichtig ist, dass das Komma immer mitgesprochen wird, um den Rhythmus der Sätze zu verinnerlichen.
In Aufsätzen von Siebtklässlern, die mit dem Lernprogramm bis hierher gearbeitet haben, sieht die Verteilung der Fehler oft ungefähr so aus: 30 % das/dass-Fehler, 30 % Groß-/Kleinschreibung, 20 % Zeichensetzungsfehler, 10 % „Schusselfehler" (Buchstaben auslassen, u statt ü, falsch getrennt am Zeilenende, was ohnehin vermieden werden sollte, indem man lieber gar nicht trennt, sondern das Wort komplett in die nächste Zeile schreibt) und 10 % andere Fehler.
Das Thema „das/dass" scheint also ganz besonders schwierig zu sein. Da Ihre Schüler aber schon die Konsonantenverdoppelung, das h und vieles andere überlisten konnten, werden sie auch das schaffen. Die Überzeugungsarbeit ist manchmal aufwendiger als das Besprechen und Üben der Regeln. Es lohnt sich aber, am „das/dass" zu arbeiten.

© AOL-Verlag

6.11. Großschreibung

Hier sehen Sie noch einmal das Beispiel, was passieren kann, wenn sich ein Schüler an die Regeln hält, die er in der Schule gelernt hat:
„Jedes Wort, vor dem man ‚der', ‚die' oder ‚das' sagen kann, wird großgeschrieben."

Das Kleine Mädchen begleitete den jungen, der Sich wegen des wetters eine Rote Regenjacke Kaufen wollte. – 6 Fehler!
Da steht doch „das Kleine" und „der Sich". Man kann nicht „der, die oder das Jungen" oder „der, die oder das Wetters" sagen. Man kann doch „das Kaufen" und „die Rote" sagen.

Wieder einmal wird deutlich, dass LRS-Schüler nicht dumm sind, sondern häufig nur anders denken. Es ist bloß für Lehrkräfte und Eltern manchmal wirklich schwierig, herauszufinden, was sie denken. So ist es jedenfalls nicht ganz richtig, der Schüler hätte die Anweisung nicht wörtlich nehmen sollen. – Ist das seine Schuld? Ist er dafür verantwortlich, wenn der Lehrende etwas anderes sagt als er meint?

Wer im Wörterbuch nachschlägt, muss beim Thema Groß-/Kleinschreibung aufpassen.
Beispiel: In China leben Arm/arm und Reich/reich auf engstem Raum.
Schüler schlägt im Duden nach: der Arm und das Reich; beides groß!
– Das war etwas voreilig, also noch einmal: Ah, dazu gibt es einen Extrakasten[35]: „Arm und Reich (veraltet für: jedermann)".

Wenn Schüler also Probleme mit der Groß- und Kleinschreibung haben, versuchen Sie erst einmal herauszufinden, nach welchen Regeln sie entscheiden. Damit haben Sie dann einen Anhaltspunkt und sind wieder einmal gefragt, wenn es darum geht, falsche Regeln zu löschen und richtige zu lernen. „Nomen werden großgeschrieben." Das können die meisten sagen. Aber was ist ein Nomen? Überlegungen von LRS-Schülern dazu:

35 Duden. Die deutsche Rechtschreibung, S. 216.

© AOL-Verlag

- *Namenwort*
- *alle Wörter, vor denen man „der“, „die“ oder „das“ sagen kann*
- *alles, was man sehen und anfassen kann*
- *auch Gefühle*
- *alles, was man haben kann*
- *nominalisierte Verben („der Lauf“, „der Schlaf“, „das Essen“)*
- *nominalisierte Adjektive („Grün“, „Schön“)*
- *Aber es gibt auch Ausnahmen. Man kann zwar „die gedanken“ sagen, man kann auch gedanken haben, aber gedanken sind ja nicht wirklich da, die gibt es ja nicht wirklich, die denkt man sich ja bloß, deshalb muss man „gedanken“ kleinschreiben.*
- *Ich schreibe alles groß, was wichtig ist.*

Was für ein Durcheinander von Gedanken. Wer so kompliziert analysiert, welche Wörter er groß- und welche er kleinschreiben muss, hat es nicht leicht. Also nützt es gar nichts, diese Kinder Wortlisten abschreiben oder sortieren zu lassen. Verbringen Sie lieber ein oder zwei Förderstunden damit, gemütlich auf den Tischen sitzend zu überlegen, wie man Nomen ganz einfach und sicher erkennen kann. Ganz wichtig ist es dafür, dass jedes Kind sich vorher traut, seine Version zu erzählen. Dabei wird es wahrscheinlich bestätigt oder korrigiert und den anderen fallen wieder neue Argumente ein. Hören Sie einfach zu und machen sich vielleicht ein paar Notizen.
Dabei wird sich wahrscheinlich schon herausstellen, wer richtige Lösungen anzubieten hat. Lassen Sie die Kinder erklären und diskutieren, achten Sie nur darauf, dass keiner sich ausklinkt und wartet, bis „dieses blöde Thema vorbei ist, das er sowieso nie begreifen wird“.
Erst wenn alle sich einig sind und Sie diese Meinungen auch unterstützen können, machen schriftliche Übungen einen Sinn. Jetzt können die Kinder überprüfen, ob das, was sie nun verstanden haben, auch wirklich zum richtigen Ergebnis führt.
Um Nomen gezielt zu üben, schreiben Sie folgende Anweisung für alle lesbar auf:
Konkrete Nomen:

1. Eigennamen (Hans, Hamburg, Elbe)
2. Sammelnamen (Hund, Tisch, Fluss)
3. Stoffnamen (Wasser, Holz, Luft)

© AOL-Verlag

Abstrakte Nomen:
4. Eigenschaften (keine Adjektive!) (Treue, Ehrlichkeit)
5. Vorgänge/Tätigkeiten (keine Verben!) (Untersuchung, Bewegung)
6. Gefühle (Liebe, Hass)

Stellen Sie klar, dass alle wissen, was jeweils damit gemeint ist. Nun kann gewürfelt werden, welche Art von Nomen gebildet werden soll (1–6). Per Drehscheibe, Karten oder Würfel wird der Anfangsbuchstabe ermittelt. Beispiel: 2 F: Fisch, 5 R: Reinigung, 6 W: Wut. Nach diesem Prinzip können Sie natürlich auch nominalisierte Infinitive, Partizipien und Adjektive üben.

Kopiervorlagen aus Büchern und dem Internet, in denen alles kleingeschrieben ist, gibt es reichlich, um die Regeln auszuprobieren. Die Fehler müssen aber gut besprochen werden. Natürlich werden Sie meistens zu hören bekommen: „Das habe ich nur übersehen." Es geht aber, wie üblich, nicht darum, den Zettel fehlerfrei auszufüllen, sondern darum, die Regeln wirklich erfasst zu haben. Daher ist jeder Zweifel gut, um noch einmal gemeinsam zu besprechen, warum ein Wort groß- bzw. kleingeschrieben werden muss.

6.12. Kommaregeln

Wichtig bei der Zeichensetzung ist das Gefühl. Viele LRS-Schüler setzen souverän fast alle Kommas richtig. Andere versuchen mühsam, logische Regeln zu finden. Besonders die Einschübe erfordern aber, dass sich das Kind auf den Sprachrhythmus einlässt. Üben Sie deshalb, dass beim Lesen jedes Komma mitgesprochen wird.

Die einzige logische, „abzählbare" Regel ist, dass nie zwei gebeugte Verben in einem Satz (Hauptsatz oder Nebensatz) vorkommen.

© AOL-Verlag

7. Von Grund auf verstehen – Ein Prinzip für alle Fälle

Dieses Prinzip bietet die Möglichkeit, sofort das Verstandene einzusetzen. Mit dem, was Ihre Schüler inzwischen wissen, können Sie auch gezielt einzelne Schwerpunkte bearbeiten.
Wichtig ist dabei, dass Sie ganz klare einfache Erklärungen für die jeweilige Fragestellung erarbeiten, damit das Lernen Erfolg bringt.
Sie können z. B. die Fehler in Deutscharbeiten besprechen. In dieser geschützten Gruppe finden LRS-Schüler das normalerweise nicht schlimm. Lassen Sie zuerst einmal denjenigen, der die Fehler gemacht hat, erklären, wie man das Wort richtig schreibt und vor allem, warum. Erklärungen wie

- Weil das so ist.
- Das habe ich sonst immer so geschrieben und das stimmte.
- Keine Ahnung.

kommen in Ihrem Förderunterricht hoffentlich nicht mehr vor. Genießen Sie es, den Schülern zuzuhören, wie sie sich gegenseitig helfen, indem sie verständliche Erklärungen finden.

Erfolg motiviert

Das „Intelligente LRS-Schüler – Lernprogramm" ist so aufgebaut, dass alles immer verstanden werden kann und soll. Schon lange, bevor es abgeschlossen ist, erkennt man in Klassenarbeiten, dass bestimmte Fehler kaum noch gemacht werden. Darauf sollten Sie achten. Wird zu dem Thema, das bearbeitet wurde, jetzt vieles oder vielleicht alles richtig gemacht? Dann ist der Schüler absolut auf dem richtigen Weg. Bestärken Sie ihn, indem Sie genau darauf achten, was er schon kann und machen Sie ihm Mut, weiterzulernen, weil es doch sichtbar Erfolge bringt.
Andere Fehler sollen in der Förderphase natürlich nicht völlig außer Acht gelassen werden. Gerade die „vor-"-Übung zeigt, dass ein isoliertes Thema durchaus besprochen und verstanden werden kann, ohne sich strikt an die Reihenfolge zu halten. Sollten Ihre Schüler gerade ein Rechtschreibthema im Regelunterricht behandeln, stellen Sie fest, ob zur Erklärung Voraussetzungen nötig sind. Sie können auch in Büchern oder im Internet zusätz-

© AOL-Verlag

liche Ideen sammeln, um das Verstandene zu vertiefen. Die Übungen sollen aber immer nur dazu dienen, etwas auszuprobieren und zu bestätigen, was man gelernt hat. Nie sollen die Kinder etwas so lange üben, bis sie es endlich begriffen haben. Leider wird gerade von Kindern mit LRS erwartet, dass sie zusätzlichen Einsatz beim Lernen und Üben bringen. Das tun sie ohnehin schon im Schulalltag.

Übungen sollen dazu dienen, etwas auszuprobieren und zu bestätigen, was man gelernt hat.

Aussagen von lerntherapeutischen Instituten wie „Dann sehen wir uns ab jetzt bis zum Abitur zweimal wöchentlich," verderben einem Fünftklässler verständlicherweise die Laune und Motivation. Bevor man das auf sich nimmt, verzichtet man doch lieber auf das Abitur.

LRS-Schüler, die mit dem Lernprogramm arbeiten, kommen zwei bis drei Jahre lang einmal pro Woche eine Schulstunde zum Förderunterricht. Sie bekommen keine Hausaufgaben auf und werden trotzdem von verzweifelt ratenden Fünfen-Schreibern zu selbstbewussten Rechtschreibern.

Mit dem Prinzip, über das Verstehen den Rechtschreib-Teufelskreis zu verlassen und im Erfolgskreis weiterzukommen, zeigen diese Kinder, was sie eigentlich schon immer waren: liebenswerte Genies, die jetzt zum Glück nicht mehr an der Rechtschreibung verzweifeln.

© AOL-Verlag

Anhang

Grundsätze zur Förderung von Schülerinnen und Schülern mit besonderen Schwierigkeiten im Lesen und Rechtschreiben oder im Rechnen

Beschluss der Kultusministerkonferenz vom 04.12.2003 i. d. F. vom 15.11.2007

„Grundsätze"

Auch Schülerinnen und Schüler mit besonderen und lang anhaltenden Schwierigkeiten im Lesen und Rechtschreiben unterliegen in der Regel den für alle Schülerinnen und Schüler geltenden Maßstäben der Leistungsbewertung. Ein Nachteilsausgleich oder ein Abweichen von den allgemeinen Grundsätzen der Leistungsbewertung kommt beim Erlernen von Lesen und Rechtschreiben in Betracht und wird mit andauernder Förderung in den höheren Klassen wieder abgebaut.

Vorrangig vor dem Abweichen von den allgemeinen Grundsätzen der Leistungsbewertung sind Hilfen im Sinne eines Nachteilsausgleichs vorzusehen.

Als **Nachteilsausgleich** sind Maßnahmen denkbar wie:

- Ausweitung der Arbeitszeit, z. B. bei Klassenarbeiten,
- Bereitstellen von technischen und didaktischen Hilfsmitteln (z. B. Audiohilfen und Computer),
- Nutzung methodisch-didaktischer Hilfen (z. B. Lesepfeil, größere Schrift, optisch klar strukturierte Tafelbilder und Arbeitsblätter).

Als **Abweichungen von den allgemeinen Grundsätzen der Leistungsbewertung** kommen in Betracht:

- Einordnen der schriftlichen und mündlichen Leistung unter dem Aspekt des erreichten individuellen Lernstands mit pädagogischer Würdigung von Anstrengungen und Lernfortschritten vor allem in der Grundschule,
- stärkere Gewichtung mündlicher Leistungen, insbesondere in Deutsch und in den Fremdsprachen,
- Verzicht auf eine Bewertung der Lese- und Rechtschreibleistung nicht nur im Fach Deutsch, sondern auch in anderen Fächern und Lernbereichen,

© AOL-Verlag

- Nutzung des pädagogischen Ermessensspielraumes und zeitweise Verzicht auf die Bewertung der Rechtschreibleistung in Klassenarbeiten während der Förderphase.

Alle Abweichungen von den üblichen Bewertungsregelungen müssen ihre Grundlage in den individuellen Förderplänen/Lernplänen der Schülerinnen und Schüler haben und dokumentiert sein.

Zeugnisse

[...]

Zudem kann eine einzelne Benotung in einem Zeugnis auch dazu genutzt werden, eine Schülerin oder einen Schüler zur Weiterarbeit oder zur Verbesserung der Leistung zu ermutigen.

Abweichungen von den allgemeinen Grundsätzen der Leistungsbewertung sind jedoch in geeigneter Weise im Zeugnis zu vermerken.

Bei der Entscheidung der Schule über die Versetzung oder über den Übergang in eine weiterführende Schule ist vorrangig die Gesamtleistung der Schülerin oder des Schülers zu berücksichtigen, da es sich dabei auch um eine Prognoseentscheidung handelt.

Abschlüsse, Prüfungssituationen

Abschlussverfahren, Abschlussprüfungen, Abschlusszeugnisse und Abschlussvergaben sind für den weiteren Bildungs- und Berufsweg der Schülerinnen und Schüler von ausschlaggebender Bedeutung. Die Leistungsbewertung muss sich daher bei Abschlüssen wegen des grundgesetzlich vorgegebenen Gleichbehandlungsgebots, insbesondere im Hinblick auf die freie Wahl von Beruf und Ausbildungsstätte, nach einheitlichen Kriterien richten.

Ein dem jeweiligen Einzelfall angemessener **Nachteilsausgleich** ist in einer Prüfungssituation zu gewähren, wenn durch eine besonders schwere Beeinträchtigung des Lesens und Rechtschreibens allein der Nachweis des Leistungsstands, also die technische Umsetzung durchaus vorhandener Fähigkeiten, Fertigkeiten und Kenntnisse, erschwert wird und wenn die Beeinträchtigung in der weiteren Berufs- oder Hochschulausbildung durch Hilfsmittel ausgeglichen werden kann.

Die Feststellung, ob die Voraussetzungen für die Anpassung der äußeren Prüfungsbedingungen an die besonderen Bedürfnisse des betroffenen Prüf-

© AOL-Verlag

lings vorliegen, ist eine schulische Entscheidung, die einer landesrechtlichen Regelung bedarf. Eine der Prüfung unmittelbar vorangegangene mehrjährige schulische Förderung ist ein Indiz für die Gewährung eines Nachteilsausgleichs.
Die schulische Förderung soll dokumentiert sein. An der Feststellung der Voraussetzungen für die Gewährung eines Nachteilsausgleichs ist die Lehrkraft für das Fach Deutsch zu beteiligen. Bemerkungen über die Gewährung eines Nachteilsausgleichs, wie die Verlängerung der Bearbeitungszeit für eine Prüfungsaufgabe, gehören nicht in das Abschlusszeugnis.
Anders als die Anpassung der äußeren Prüfungsbedingungen an die durch eine Lese-Rechtsschreib-Schwäche hervorgerufene Beeinträchtigung einer Schülerin oder eines Schülers stellt das **Abweichen von den allgemeinen Grundsätzen der Leistungsbewertung** in einer Prüfungssituation oder bei der Vergabe eines Abschlusses eine Privilegierung gegenüber den Mitschülerinnen und Mitschülern dar. Aufgabe der Leistungsbewertung in einem Abschlussverfahren, in einer Abschlussprüfung, in einem Abschlusszeugnis oder bei der Abschlussvergabe ist es gerade zu ermitteln, bis zu welchem Grad der Prüfling die Lernziele erreicht hat. Für den Fall, dass ein Land dennoch die Anforderungen an Prüflinge, die durch eine Lese-Rechtschreib-Schwäche besonders schwer beeinträchtigt sind, zurücknehmen möchte, bedarf dies einer landesrechtlichen Ermächtigung. Abweichungen von den allgemeinen Grundsätzen der Leistungsbewertung sind im Abschlusszeugnis zu vermerken.

Quelle: https://www.kmk.org/fileadmin/veroeffentlichungen_beschluesse/2003/2003_12_04-Lese-Rechtschreibschwaeche.pdf (Letzter Abruf: 04.01.2021)

© AOL-Verlag

Literatur

Duden. Die deutsche Rechtschreibung. Hg. von der Dudenredaktion. 25., völlig neu bearbeitete und ergänzte Auflage. Mannheim, Leipzig, Wien, Zürich: Dudenverlag 2009 (= Duden Band 1)

Geist, Alexander: Mentor Lernhilfe Deutsch 7./8. Klasse. Rechtschreib-Krimis 1. Buchstaben und Laute, Worttrennung. 8. Auflage. München: Mentor Verlag 2006

Geist, Alexander: Mentor Lernhilfe Deutsch 5.–7. Klasse. Rechtschreib-Krimis 2. Groß oder klein, zusammen oder getrennt, Komma oder nicht? 6. Auflage. München: Mentor Verlag 2004

Livonius, Uta: Intelligente LRS-Schüler – Lernprogramm. Grundlagen und Regeln verstehen und üben. Hamburg: AOL-Verlag 2014

Livonius, Uta: Intelligente LRS-Schüler – Ratgeber für Eltern. Erkennen und verstehen – unterstützen und ermutigen. Hamburg: AOL-Verlag 2014

LRS – Legasthenie in den Klassen 1–10. Handbuch der Lese-Rechtschreib-Schwierigkeiten. Band 1: Grundlagen und Grundsätze der Lese-Rechtschreib-Förderung. Hg. v. Ingrid M. Naegele & Renate Valtin. 6. Auflage. Weinheim und Basel: Beltz Verlag 2003

LRS – Legasthenie in den Klassen 1–10. Handbuch der Lese-Rechtschreib-Schwierigkeiten. Band 2: Schulische Förderung und außerschulische Therapien. Hg. v. Ingrid M. Naegele & Renate Valtin. 2. Auflage. Weinheim und Basel: Beltz Verlag 2001

Lutz, Horst: Life Kinetik®. Gehirntraining durch Bewegung. 3. Auflage. München: Blv Buchverlag 2012

Schulte-Körne, Gerd & Mathwig, Frank: Das Marburger Rechtschreibtraining. Ein regelgeleitetes Förderprogramm für rechtschreibschwache Kinder. Bochum: Winkler Verlag 2001

Schulte-Körne, Gerd: Diagnostik und Therapie der Lese-Rechtschreib-Störung. The Prevention, Diagnosis, and Treatment of Dyslexia. In: Dtsch Arztebl Int 2010; 107 (41): 718–27; DOI: 10.3238/arztebl.2010.0718

Was tun bei Legasthenie in der Sekundarstufe? Hg. v. Bernd Ganser & Wiltrud Richter. Donauwörth: Auer Verlag 2003

Weiterführendes zu Bewegung (Kapitel 3.2.)

Dennison, Paul E. & Dennison, Gail E.: Brain-Gym® – für Kinder. 19. Auflage. Kirchzarten bei Freiburg: VAK Verlags GmbH 2009

Dennison, Paul E. & Dennison, Gail E.: Brain-Gym® – Lehrerhandbuch. 15. Auflage. Kirchzarten bei Freiburg: VAK Verlags GmbH 2008

Dennison, Paul E. & Dennison, Gail E.: Brain-Gym® – das Handbuch. Kirchzarten bei Freiburg: VAK Verlags GmbH 2010

Konenberg, Ludwig & Förder, Gabriele: Kinesiologie für Kinder: Wie Sie Lernblockaden abbauen. 4. Auflage. München: Gräfe und Unzer Verlag GmbH 2009

© AOL-Verlag

Spiele und Lernhilfen

Mattel 51272-0: Scrabble Das Original, Brettspiel
Mattel 51928-0: Scrabble Junior, Brettspiel
Parker 14334100: Tabu Junior – Edition 4 (2011 von Hasbro)
Parker 30658100: Tabu Edition 6 – Neuauflage (2012 von Hasbro)
Ravensburger® 27165: Set! Ravensburger® Kartenspiele
Ravensburger® 23501: 1000 Namen. Ravensburger Spieleverlag
Ravensburger® 23116: Wortfix. Ravensburger Spieleverlag
Schmidt Spiele 01602: Hands Up
Spear-Spiele 52385: Denk-Fix!

Kartenspiele:
Adlung Spiele 46145: Speed von Adlung-Spiele
Adlung Games 76015: Express von Adlung-Spiele
Adlung Games 76019: Sambesi von Schmidt Spiele
Adlung Games 76021: Viele Dinge von Schmidt Spiele

Lernkarten von LingoPlay:
Vokalissimo 1, Art-Nr.: LC.30.442
Vokalissimo 2, Art-Nr.: LC.30.443
Wortbausteine, Art-Nr.: MC.35.420
AOL-5-Fächer-Lernbox, AOL-Verlag 2014

© AOL-Verlag

Linktipps

ICD F81, 2013
http://www.icd-code.de/icd/code/F81.-.html

Grundsätze zur Förderung von Schülerinnen und Schülern mit besonderen Schwierigkeiten im Lesen und Rechtschreiben oder im Rechnen. (KMBek vom 16. November 1999, Amtsblatt – KWMBl. I S. 379, in Abschnitt IV, 2. Absatz geändert am 11. August 2000, KWMBl I S. 403;
http://www.kmk.org/fileadmin/veroeffentlichungen_beschluesse/2003/2003_12_04-Lese-Rechtschreibschwaeche.pdf

Phase 6
http://www.phase-6.de

Legasthenie, **Lese-Rechtschreib-Schwäche**
http://www.schulberatung.bayern.de/schulberatung/index_05164.asp

Erdinger Rechtschreibtraining
http://www.afg-erding.de/tl_files/Schulleitung/psycho-geist/Beschreibung_des_Erdinger_Rechtschreibtrainings_%28Konzept,praktische_Tipps%29.pdf

© AOL-Verlag

Erlasse

Baden-Württemberg
http://www.kultusportal-bw.de/site/pbs-bw/get/documents/KULTUS.Dachmandant/KULTUS/kultusportal-bw/pdf/kP_Verwaltungsvorschrift_Besondere_Foerderung.pdf

Bayern
http://www.schulberatung.bayern.de/imperia/md/content/schulberatung/pdfmuc/legasthenie/legasthenie_kmbek_1999.pdf

Berlin
http://gesetze.berlin.de/Default.aspx?vpath=bibdata/ges/blngsvo/cont/blngsvo.p16.htm&pos=0&hlwords=lrs%C3%90+lrs+#xhlhit/

Brandenburg
http://www.bravors.brandenburg.de/sixcms/media.php/15/Abl-MBJS_04_2011.pdf

Bremen
http://www.bildung.bremen.de/sixcms/media.php/13/lsr-erlass.pdf

Hamburg
http://lvl-hamburg.de/sites/lvl-hamburg.de/files/dokumente/Richtlinie.pdf

Hessen
http://www.lvl-hessen.de/file/verordnung_gestaltung_schulverhaeltnisses.pdf

Mecklenburg-Vorpommern
http://www.bildungsserver-mv.de/download%5Cmaterial%5Cbm_handreichung_foerderung.pdf

Niedersachsen
http://www.mk.niedersachsen.de/portal/live.php?navigation_id=1891&article_id=6411&_psmand=8

Nordrhein-Westfalen
http://www.schulministerium.nrw.de/BP/Schulrecht/Erlasse/LRS-Erlass.pdf

Rheinland-Pfalz
http://foerderung.bildung-rp.de/fileadmin/user_upload/foerderung.bildung-rp.de/Lernschwierigkeiten/KMK/VV_Lernschwierigkeiten_Sek_I.pdf

Saarland
http://www.vorschriften.saarland.de/verwaltungsvorschriften/vorschriften/06_0998.pdf

Sachsen
http://www.landkreis-nordsachsen.de/f-Download-d-file.html?id=1308%E2%80%8E

Sachsen-Anhalt
http://www.mk-intern.bildung-lsa.de/Bildung/er-leistungbeurteilungzwbildungsweg.pdf

Schleswig-Holstein
http://www.schleswig-holstein.de/Bildung/DE/Service/Schulrecht/Erlasse/Downloads/Legasthenie_neu__blob=publicationFile.pdf

Thüringen
http://www.thueringen.de/imperia/md/content/tkm/schule/brosch__re_sonderp__dagogische_f__rderung.pdf

© AOL-Verlag

Alle Unterrichtsmaterialien
der Verlage Auer, PERSEN und scolix

jederzeit online verfügbar

lehrerbuero.de
Jetzt kostenlos testen!

lehrerbüro
Das Online-Portal für Unterricht und Schulalltag!